개혁의 **덫**

지은이 장하준은 서울대 경제학과를 나와 영국 케임브리지 대학에서 경제학 석사 및 박사 학위를 취득하였다. 1990년부터 케임브리지 대학 경제학 교수로 재직하고 있으며, UN·세계은행을 비롯한 각종 국제기구와 영국·남아프리카공화국 등의 각국 정부 그리고 Third World Network(말레이시아)·Center for Economic and Policy Research(미국) 등의 시민단체(NGO)의 자문역을 역임하였다. 주요 저서로는 2003년 뮈르달 상 수상작인 『사다리 걷어차기』(Kicking away the Ladder, 2002, Anthem Press)를 비롯하여 『The Political Economy of Industrial Policy』(1994, Macmillan Press) 『Globalization, Economic Development and the Role of the State』(2003, Zed Press) 『Restructuring Korea Inc.』(공저, 2003, RoutledgeCurzon) 『Reclaiming Development-An Alternative Economic Policy Manual』(공저, 2004, Zed Press) 등이 있다.

2004년 8월 23일 초판 1쇄 펴냄
2010년 11월 5일 초판 8쇄 펴냄

지은이 장하준
펴낸곳 도서출판 부키
펴낸이 박윤우
등록일 1992년 10월 2일 등록번호 제2-1736호
주소 120-836 서울 서대문구 창천동 506-10 산성빌딩 6층
전화 02. 325. 0846, 325. 0842
팩스 02. 3141. 4066
홈페이지 www.bookie.co.kr
이메일 webmaster@bookie.co.kr
ISBN CODE 978-89-85989-71-8 03320

개혁의 덫

장하준 지음

부·키

4

19세기 말 개항 때부터 시작하여 지난 100여 년간 우리나라는 정말이지 많은 변화를 겪어 왔다. 개항에서 일제 강점, 그리고 한국전쟁으로 이어지는 수탈과 살육의 역사를 겪어 오는 과정에서 왕정(王政)과 지주(地主) 제도를 중심으로 하던 봉건 질서는 완전히 파괴되었고, 그 빈자리에 경제적으로는 자본주의적 질서가, 정치적으로는 — 비록 실제에 있어서는 많은 결함이 있었지만 형식상으로나마 — 민주주의가 들어섰다.

1960년대 이후에는 일본, 대만 등과 함께 세계 역사상 전례 없는 경제 성장을 구가하기도 하였지만 그에 따른 사회 변화 역시 급격하였다. 얼마 전 국립박물관에 가서 1950년대 말에서 1960년대 초 시기의 민중 생활을 주제로 한 사진전을 구경했을 때의 일이다. 당시 전시된 사진들은 개발 연대 초반에 태어난 내 입장에서는 그다지 낯설지 않은 것들이었다. 그러나 내 뒤에 서 있던 20대 초반 여성 두 사람은 "저게 정말 우리나라야? 혹시 베트남 아냐?" 하며 경악하고 있었다. 지난 40여 년간 우리나라가 겪어 온 변화가 정말이지 엄청나다는 것을 내가 실감한 것은 바로 그 순간이었다.

지난 40여 년간 우리가 이룬 경제 성장이 얼마나 대단한 것인지는 산업 혁명기 선진국들의 경우와 비교해 보면 잘 알 수 있다. 18세기 후반부터 20세기 초반까지 선진국들의 1인당 평균 경제 성장률은 1% 가량이었다. 당시의 선진국들이 소득이 2배가 되려면 70년 정도의 세월이 필요했던 셈이다. 반면 1960년대부터 1997년 외환 위기 때까지 우리나라의 1인당 평균 경제 성장률은 6% 가량이었는데, 이는 12~13년이면 소득이 2배로 늘어나고, 40여 년이 지나면 소득이 8배가 되는 수치이다. 결국 선진국들이 산업 혁명기에 생활수준이 2배 향상되는 데 두 세대 이상 걸렸는 데 반해, 우리는 한 세대 만에 생활수준이 7~8배 향상된 셈이다.

물론 이러한 성과만을 기반으로 우리의 개발 연대를 무조건 미화할 수는 없다. 이 기간 동안 겪었던 군부독재는 우리에게 큰 상처를 남겼다. 정경 유착을 통한 부정부패도 이 시대의 유산이고, 군부독재의 유지를 위해 이용된 지역 감정은 아직도 우리 사회의 그늘로 남아 있다. 게다가 경제 성장 과정에서 우리 국민들은 세계 최장의 노동 시간을 감수해야 했으며, 세계 최고의 남녀 임금 격차를 묵묵히 받아들여야 했다.

그렇다고 이 기간 동안 우리가 이룬 것을 평가하는 데 지나치게 인색해서도 안 된다. 1960년대 초반만 해도 1인당 소득이 가나의 반이 채 안 되고, 아르헨티나의 5분의 1밖에 안 되던 나라. 텅스텐·생선·해조류 등 1차 산품이 주요 수출 품목이었던 나라. 그런 나라가 이제는 가나의

30배, 아르헨티나의 2배 가량 되는 소득을 자랑하게 되었을 뿐만 아니라 반도체·자동차·철강·조선 등의 분야에서는 세계에서 손꼽히는 수출국이 되었다.

또 엄청난 경제 성장과 그에 따른 사회의 급변에도 불구하고 소득 분배가 상당 정도 평등한 수준을 유지하면서 국민 전반의 생활이 향상되었다. 우리 젊은이들은 부모 세대보다 평균 신장이 15cm 가량 크고, 2002년 월드컵에서 한국 팀의 강인한 체력은 세계를 놀라게 하였다. 이는 지난 40여 년간 우리나라가 이루어 온 생활수준의 향상을 웅변적으로 말해 주는 현상이라 할 수 있다.

오늘날 우리가 이렇게 살 수 있으리라고 과연 누가 믿었을까. 1960년대에 누군가가 40년 만 지나면 우리가 이렇게 살 수 있다고 예언했다면 아마 그는 미친 사람 취급을 받았을 것이다. 실제 1970년대 초 우리나라가 포항제철을 건설하기 위해 세계은행에서 돈을 빌리려 했을 때 정신 나갔다는 소리를 들었다. 또 자동차 산업도 그 초기에는 대부분의 사람들이 실패하리라 생각했었다.

1997년 외환 위기 이후 우리나라는 또 한 번 급격한 변화를 겪고 있다. 우리의 과거 체제가 부패하고 비효율적이었기 때문에 외환 위기가 발생했다는 진단이 정설로 자리 잡게 되면서, 과거의 한국식 체제를 버리고 선진국들이 가지고 있는 글로벌 스탠더드를 따르기 위한 개혁이 절체절명의 과제라는 사회적 합의가 형성되었기 때문이다.

그 이래 우리는 과거 경제 체제의 근간을 이루던 개입주의적 산업 정책, 재벌 체제, 정부가 지도하는 은행 중심의 금융 체제, 외국인 투자에 대한 규제, 경직적 노동 시장 등을 버리고 그 빈자리에 자유방임주의적 산업 정책, 전문화된 독립 기업 체제, 정부 개입 없는 주식 시장 중심의 금융 체제, 외국인 투자를 환영하는 체제, 유연한 노동 시장 등을 채워 넣기 위해 온 힘을 쏟았다. 그러한 개혁이 이루어지면 경제의 효율성이 증대되는 것은 물론이요, 동시에 경제의 투명화와 민주화가 이루어져 더 깨끗하고 평등한 사회가 될 것이라는 희망에서였다.

하지만 그간 7년 가까이 개혁이 추구된 지금, 그 결과는 과연 무엇인가?

우선 투자가 붕괴하였다. 우리 경제의 국민소득 대비 투자율은 1990년~1997년 사이에 평균 37.1%에 달했으나, 1998년~2002년에는 과거의 3분의 2 수준인 25.9%로 떨어졌다. 1990년~1997년 사이 1년에 12%씩 늘어났던 제조업 고정자산의 경우에는 외환 위기 이후 매년 2%씩 줄어들고 있는 상황이다. 중국, 인도 등이 무섭게 추격해 오고 있는 지금 이러한 투자의 부진만큼 우리 경제의 미래를 어둡게 하는 것은 없다.

게다가 이 같은 투자 부진은 실업난으로 이어졌다. 일자리 창출이 예전처럼 원활하게 이루어지지 않게 되면서 청년 실업이 국가적 고민으로 떠오르게 되었고, 외환 위기 이후 구조 조정 과정에서 물러나게 된 중년층 실업자들은 새로운 직장을 찾지 못하고 노동 시장에서 일찌감치 퇴출되거나 아니면 소자본 자영업을 하다가 파산하는 처지에 이르게 된 것이다.

작금의 소비 감소는 투자 부진과 실업난의 결과라 할 수 있다. 그런데 그것을 극복하기 위해 정부가 고육지책으로 짜낸 소비 진작 정책은 신용 불량자를 양산함으로써 결과적으로는 경기 침체를 가중시킨 것은 물론 가정 파괴 등 사회적 문제를 야기했을 뿐이다. 게다가 투자 부진으로 적당한 투자처를 찾지 못한 부동 자금이 생산적 투자보다는 투기로 몰리게 되면서 여러 가지 사회적 부작용이 발생하기 시작했다. 각종 투기를 통해 막대한 수익을 올리는 사람들이 생기는가 하면, 회사 경영은 별다른 특별한 것이 없음에도 스톡옵션 등을 통해 엄청난 돈을 챙기는 경영자들이 늘어나게 된 것이다.

그 과정에서 주식 시장의 힘이 커지면서 주주들의 영향력이 강해진 결과 기업들은 과거보다 배당률을 2배 이상으로 늘리게 되었다. 기업들의 이익이 과거와 같이 재투자를 통해 일자리를 늘리는 방향으로 가는 것이 아니라 — 대체로 상류층에 속하는 — 주주들 몫으로 돌아가게 된 것이다. 그에 반해 노동자 간 임금 격차는 커졌다. 노동 시장을 유연화한다고 비정규직을 늘렸기 때문이었다.

절대 빈곤층의 급증은 최근의 우리 경제가 처한 상황이 어떤 것인지를 가장 상징적으로 드러내 주는 지표라고 할 수 있다. 우리나라의 경우 절대 빈곤층이 국민의 5.9%에서 11.5%로 2배 이상 늘어났는데, 이는 국제적 기준에서 볼 때 평등한 수준에 속하던 소득 분배가 이미 2000년 기준으로 OECD 국가 중에서 멕시코, 미국 다음으로 불평등하게 되었음을 나타낸다. 거기에 최근 소득 분배가 더욱 악화되어 가고 있는 점을 고려하면, 소득 분배 문제에 있어서는 머지않아 미국을 제치고 멕시코 등 남미 국가의 대열에 끼게 되지 않을까 우려된다.

그 경우 미국이나 남미 국가들은 오랜 세월에 걸쳐 불평등한 소득 분배가 이루어져 왔던 만큼 이제 와서 새삼 큰 문제가 되지 않을지도 모른다. 하지만 우리나라와 같이 몇 십 년 동안 비교적 평등하게 살던 나라의 경우 빈곤층의 급증과 소득 분배의 악화는 커다란 사회 문제를 야기할 것이다.

이 책은 외환 위기 이후 이러한 우리 경제의 격변 과정을 지켜보며 신문, 잡지, 그리고 인터넷 매체에 실은 글과 인터뷰를 모은 것이다.

그 사이 과거 우리가 가지고 있던 체제가 무조건적으로 매도되는 것을 지켜보면서 우리 과거 체제의 공과에 대해 좀 더 균형 잡힌 평가를 내리고자 노력하였다. 또 세계화 시대에 살아남기 위해서는 과거의 체제를 버리고 하루라도 빨리 선진국, 특히 미국을 모방해야 한다는 주장에 접하면서, 미국을 비롯한 선진국들이 과거 어떠한 제도와 정책을 써서 오늘날의 위치에 도달했는지, 오늘날 그들이 실제로 채택하고 있는 제도와 정책은 어떤 것인지를 제대로 알리고자 노력하였다. 그래야만 우리가 배울 짐은 무엇인지를 찾을 수 있다고 믿었기 때문이다. 또 그 영향에 대한 숙고도 없이 맹목적으로 개혁 정책들이 채택되고 추진되는 것을 바라보면서 이러한 정책들이 실제로 경제 성장 및 고용, 소득 분배에 어떤 영향을 미쳤는지를 제대로 평가하고 개선책을 제시해 보려고 하였다.

물론 이 책에 실린 글을 통해 내가 제시하는 분석과 해결책이 반드시 맞는 것이라고 생각하지는 않는다. 그러나 한 가지 자신 있게 말할 수 있는 것은 지금 우리가 당면하고 있는 여러 가지 복잡하고 어려운 문제들 중 많은 것들이 우리가 '개혁'이라는 '덫'에 걸린 결과라는 점이다. 개혁이라는 도덕적 오만이 과거의 모든 것을 거부하게 만든 데다 세계화는 필연이라는 경제학적 편견까지 겹치면서 신자유주의적 — 보다 정확하게 말하면 영미식 신자유주의적 — 제도 및 정책을 무분별하게 도입하면서 이 모든 결과가 초래됐기 때문이다. 경제학에는 이제까지 우리가 익숙해져 있는 사지선다형 시험 문제처럼 맞는 답이 하나만 있는 것은 아니다. 그럼에도 최근 개혁을 주장하는 많은 사람들은 흡사 하나의 정답이 있다고 자신하고, 그것만을 밀고 나아가려 하는 것 같다. 하지만 그보다는 가능한 여러 가지 답들을 늘어놓고 지금 이 순간 우리에게 필요한 것이 과연 무엇인지를 고민하면서 그것을 가능케 하는 사회적 합의를 도출하려 노력해야 한다는 것이 내 생각이다.

이 책에 실린 글들이 우리가 보다 균형 잡힌 시각에서 우리의 당면 문제들에 대한 해답을 찾는 데 조금이라도 도움이 되었으면 하는 것이 간절한 바람이다.

PART 1 **경제 개혁**이라는 **덫**

세계화는 '필연'이 아니다

지금의 세계화 역시 그에 따른 경제적·정치적 불안 요인을
제대로 관리하지 못한다면 19세기의 세계화처럼 붕괴할 수 있다.
아시아 금융 위기 이후 국제 자본 이동에 관한 규제
강화론이 제기되는 것도 그런 우려에서이다.

"태양 아래 새로운 것은 없다."는 서양 격언이 있다. 물론 세상이
하나도 변하지 않는다는 말은 아니다. 단지 역사적 안목 없이 현재
일어나는 일들이 항상 전례 없는 일이라고 생각하기 쉬운 인간의 속
성을 꼬집는 말일 뿐이다. 최근 세계적으로 유행하고 있는 세계화
(globalization) 이론도 그 좋은 예 중의 하나라 할 것이다.

세계화론자들에 따르면 지난 50여 년 사이에 걸쳐 일어난 교통·
통신 혁명에 힘입어 국제 무역과 자본 이동은 전례 없이 가속화되었
고, 그에 따라 세계 경제는 유례없는 통합을 이루어 왔다고 한다. 또
이들은 앞으로도 지속적인 기술의 발전으로 말미암아 세계화의 수준
이 계속 높아질 것이며, 궁극적으로는 세계 경제가 하나로 통합되는

시대가 올 것이라고 예견한다.

이것이 과연 사실인가. 그것을 확인하기 위해 19세기 말로 돌아가 보자.

국제 무역, 금융 자본의 국제간 이동, 다국적 기업의 해외 투자 등 대부분의 지표로 볼 때 당시의 세계 경제는 이미 지금과 거의 유사한 정도로 통합되어 있었다고 할 수 있다. 아니, 어떤 면으로 보면 그 당시의 세계 경제 통합이 지금보다도 더 진전되어 있었다고 할 수도 있을 것이다. 지금에 비해 국제 이민이 훨씬 자유로웠던 데다, 화폐 단위가 금(金)의 가치에 연계되어 있어 정부의 화폐 발행 능력이 제한되는 금 본위제(gold standard)의 시행으로 인하여 개별 국가의 거시 경제 정책의 자율성이 극도로 제약되었으며, 서구 열강의 식민지 지배나 불평등 조약으로 말미암아 대부분의 나라들이 상품 교역·자본 이동·외국인 투자 등을 통제할 경제적 주권을 갖고 있지 못했기 때문이다.

여기서 한 가지 우리가 주목해야 할 사실은 19세기 말에서 20세기 초에 이르는 시기의 세계화가 증기선·유선 전신 등 지금 기준으로 보면 낙후된 교통·통신 기술에 기초하고 있었다는 점이다. 그럼에도 이미 19세기에 남미 정부의 채권이 유럽에서 거래되고 있었으며, 그 과정에서 현재와 유사한 국제 투기 자본의 이동에 의한 폐해가 만연하였고, 외채 위기도 빈발하였다. 또 당시에는 지금 기준으로 보자면 느리기 짝이 없는 증기선을 가지고 무역을 하였지만, 세계 산출량에 대비한 무역량은 19세기 말에 이미 1980년대와 동일한 수준에 이르러 있었다.

이렇듯 낙후된 기술을 가지고서도 19세기 말에 이미 현재와 유사한 정도의 세계 경제 통합이 이루어져 있었다는 사실이 의미하는 바는 무엇인가. 다음의 두 가지 점을 들 수 있다.

첫째로, 이미 100여 년 전에 증기선이나 유선 전신과 같은 기술을 기반으로 해서 지금과 유사한 정도의 세계화가 이루어졌다면, 현재의 세계화 과정을 주도하는 것은 결국 기술의 발달이라기보다는 국제 정치와 제도적 변수라는 결론을 내릴 수 있다. 그러니까 1960년대 세계 경제의 통합 정도가 19세기 말보다도 낮았던 것은, 당시 이미 디젤 선박과 비행기가 다니고 전화와 텔렉스가 보편화되어 있었던 데에서 볼 수 있듯 기술이 부족해서가 아니라, 주요 선진국들이 IMF와 세계은행을 중심으로 하는 소위 '브레튼우즈(Bretton Woods) 체제'를 통해 국제 자본의 이동을 규제하였고, 새로이 경제 주권을 획득한 신생 독립국들이 무역과 자본 이동을 제약하여 자국 산업과 금융업을 보호하는 경제 민족주의를 추구하였기 때문인 것이다.

둘째로, 19세기 말에서 20세기 초 사이에는 고도로 진행되었던 세계화가 그 이후에는 지속되지 않은 이유를 생각해 볼 필요가 있다. 19세기 말에서 20세기 초 사이에 이뤄진 세계화는 국제 금융 시장의 불안정과 국제정치적 갈등을 초래했고, 결국은 대공황을 시작으로 붕괴하고 말았다. 이후 몇 십 년 동안 세계 각국이 브레튼우즈 체제로 대표되는, 지나친 세계화로 말미암아 빚어지는 폐단을 방지하기 위한 '규제된 세계화'를 추구하는 방향으로 정책이나 제도를 시행한 것도 그래서였다.

지금 벌어지고 있는 세계화 역시 국제적으로나 국내적으로 그에 따른 경제적·정치적 불안 요인을 제대로 관리하지 못한다면, 19세기의 세계화처럼 붕괴될 수 있다. 최근 아시아 금융 위기를 계기로 국제 자본 이동에 관한 규제가 강화되어야 한다는 목소리가 일어나고 있는 것도 이러한 우려를 반영한 결과이다.

이런 맥락에서 볼 때 우리는 세계화 과정을 기술 결정론적으로 이해하지 말고, 정치적·제도적인 시각에서 파악할 필요가 있다. 기술이라는 것은 인간 행동의 가능성을 규정해 줄 뿐이지, 그 내용을 결정하는 것이 아니기 때문이다.

세계화를 기술 결정론적으로 받아들여 불가피하고 중단될 수 없는 과정으로 해석하게 되면, 앞으로 진행될 세계화 과정의 내용을 현재 존재하는 국제정치 구도 속에서 힘을 가지고 있거나 이념적인 주도권을 쥐고 있는 나라들로 하여금 마음대로 규정할 수 있도록 하는 것밖에는 되지 않는다. 세계화 과정의 본질을 제대로 이해할 때에만 우리는 세계화의 긍정적인 측면을 살리면서 부정직인 측면을 억제할 수 있는 것이다.

『문화일보』 1999년 6월 17일

시장 경제만으로는 안 된다

한국 경제의 위기는 과도한 규제가 아니라 '견제와 균형'
시스템의 성급한 해체에 있다. 정부가 '투자 조절'과 '경쟁
관리'라는 기본 정책을 포기함으로써 설비 과잉과
대기업 도산 등이 벌어지기 시작한 것이다.

한국의 경제 위기에 대한 해결책을 내놓은 지 두 달도 안 돼 국제
통화기금(IMF)은 당초 책정했던 물가 상승률과 통화 공급, 재정 균
형 등 거시 경제 목표를 완화하기에 이르렀다. 그러나 이번에는 한국
경제를 소생시키기 위해서는 시장 경제 원칙만 있으면 된다는 IMF의
고집이 새로운 문제를 야기하고 있다.

물론 IMF와 미국이 한국 경제의 펀더멘탈, 즉 경제 성장률이나
물가 상승률, 재정 수지, 경상 수지, 외환 보유고와 같은 기초 경제
여건을 파악할 수 있는 주요 거시 경제 지표에 대해 잘못 해석한 결
과 그렇게 되었을 가능성이 높다. 문제는 이 같은 판단 착오가 IMF
가 최근 수정할 수밖에 없었던 긴축 정책보다 더 큰 피해를 한국 경

제에 불러올 수 있다는 사실이다.

한국 경제의 위기는 과도한 규제에서 비롯된 것이 아니다. 그보다는 오히려 면밀하게 짜여진 '견제와 균형' 시스템을 성급하게 해체한 데에 원인이 있다. 설비 과잉과 대기업 도산 등 오늘날 한국 경제의 위기를 말해 주는 주요 징후들은 엄밀히 말하면 한국 정부가 '투자 조절'과 '경쟁 관리'라는 두 개의 기본 정책을 포기함으로써 야기된 결과이기 때문이다.

가령 한국의 외채는 1994년부터 1997년 사이에 1,000억 달러나 늘어났다. 덩치 키우기에만 급급했던 기업들이 흥청망청 돈을 빌려 쓴 결과이다. 그런데 이런 현상을 조장한 것이 종합 금융사들이었고, 그들 중 절반 이상은 경제 위기 이전 2년 사이에 생겨난 업체들이었다.

이렇듯 문제는 규제가 너무 많기 때문이 아니라 규제에 실패한 데에 있다. 그리고 그 결과는 대차대조표로 입증된다. 종합 금융사들이 해외에서 빌려 온 200억 달러 중 3분의 2는 상환 만기일이 1년 미만인 단기 채무였다. 그러나 이 200억 달러가 국내에서 대출될 때는 대부분이 만기 1년 이상의 장기 채권으로 대출되었다.

인허가 및 금융 지원 등 각종 경제적 이권이 학연·지연을 중심으로 특정인에게 배분되면서 경제 권력이 소수 집단에게 집중되는 정실 자본주의(Crony Capitalism)에 대해서도 많은 비판이 일었다. 그러나 이것은 한국에서 최근에 나타난 양상이다. 과거에도 재계에서 정계로 많은 돈이 흘러 들어간 것은 사실이지만, 특정 사안에 대한 청탁을 위해 돈이 오간 일은 드물었다. 제조업체들이 국가의 계획 아래 종속돼 있었기 때문이다. 그렇게 볼 때 정실 자본주의는 최근 10년 사이에 정부가 점차로 규제 가이드라인을 포기함에 따라 떳떳치 못한 정치 거래가 성행하게 되면서 나타난 현상이라 할 수 있다.

IMF는 금융 자유화가 강도 높게 실현되면 외국 금융 기관들이 들어와 한국 금융의 잘못된 점을 고쳐 줄 것이라 생각하는 것 같다. 하지만 그 외국 금융 기관들은 경영 관리가 부실한 한국의 시중 은행들에게 막대한 돈을 빌려 주었던 장본인들이다. 그리고 그들은 지금 한국 정부에 민간 부문의 부채를 더 많이 떠맡아 달라는, '시장 논리'를 무시하는 요구까지 하고 있는 형편이다.

외국인의 경영권 취득을 허용하고, 한국 대기업의 확대 및 팽창을 억제하라는 요구는 얼핏 맞는 말처럼 들릴 수도 있다. 그러나 선진국의 예에서 볼 수 있듯이 인수·합병의 메커니즘은 심각한 문제를 안고 있다. 규모는 크지만 효율적이지 못한 대기업들이 작지만 효율적인 기업들을 집어삼키게 됨으로써 투자 범위를 축소시킬 뿐 형태만 다른, 또 하나의 무모한 확장 경쟁을 불러 올 수 있는 것이다.

평생 고용과 사원 복지 제도에 개혁이 필요한 것은 사실이다. 실업보험이 보편화되고 취업을 위한 재교육 프로그램이 확충된다면 노동 시장 유연화는 장기적으로 보아 이득이 될 수 있기 때문이다. 또 한국인들의 경제를 바라보는 시각 역시 크게 달라질 필요가 있다는 것도 맞다. 그러나 그런 변화는 어느 날 갑자기 일어날 수 있는 것이 아니다. 게다가 저성장 국면에서의 그 같은 구조적 변화는 사회적·

경제적 갈등을 악화시킬 따름이다.

정실 자본주의 문제를 해결하려면 정부의 조정 기능을 약화시킬 게 아니라 오히려 강화해야 한다. 한국 정부가 정치와 경제의 바람직한 관계에 대해 분명하게 기준을 설정할 수 있도록 해 줘야 한다는 얘기다. 일례로 공무원 임금 인상을 포함한 공공 부문의 개혁이 이루어지면 정부 관료들이 뇌물의 유혹을 덜 받게 될 수 있을 것이다.

IMF의 조치들은 이렇듯 여러 가지로 문제점을 안고 있다. 이제는 미봉책이 아니라 장기적인 성장을 가져올 수 있는 구조적·제도적 개혁의 대안들을 최상위의 과제로 고려해 봐야 할 때이다.

『International Herald Tribune』1998년 2월 13일, 『문화일보』1998년 2월 27일

미국식 개혁만이 해법일까?

경제 제도를 영미식으로 개혁하지 않으면 미래가
어둡다고 한다. 그러나 우리 경제 제도는 기형적인 것도
아니고, 과거 놀라운 고도 성장과 비교적 균등한 소득 분배에
커다란 공헌을 해 왔다는 점을 잊지 말아야 한다.

1997년의 외환 위기로 우리나라가 국제통화기금(IMF)과 협정을
맺은 지 벌써 2년이 지났다. 아직 우리 경제가 완전히 회복된 것은
아니지만, 우리 국민과 정부의 노력으로 이제 위기 상황은 일단락되
었다고 볼 수 있는 이 시점에서 우리는 1997년 외환 위기의 원인과
그 사후 처리에 대해 다시 한 번 생각해 볼 필요가 있다.

1997년 위기의 진정한 원인은 과연 무엇이었던가. 초기에 IMF를
비롯한 외국인들과 신자유주의를 지향하는 많은 사람들은 그 원인을
지나친 정부 개입과 기형적인 재벌 체제 등으로 대표되는 한국 자본
주의 체제의 제도적 결함에서 찾았지만, 이제는 점차 이러한 시각에
대해 비판이 일고 있다.

하지만 다른 무엇보다도 기억해야 할 사실은, 한국 고유의 국가 주도형 경제 구조는 이미 김영삼 정부 하에서 자유화 구호 아래 대부분 해체되었다는 점, 따라서 지나친 국가 개입에서 1997년 위기의 원인을 찾는 것은 잘못이라는 점이다. 역으로 말하면 1997년의 외환 위기는 지나친 정부 개입 때문이 아니라 금융 규제의 미비 등 지나친 자유방임 정책 때문에 발생했다고 할 수 있는 것이다. 또 재벌의 경우 이들이 주주 자본주의에 기반해 단기적 이익을 최우선 목표로 경영하는 영미계 기업과 다르다는 이유 하나만으로 '기형적'이라고 몰아붙이는 것은 옳지 않다.

최근 들어서는 이런 입장에 동조하는 이들이 늘어나는 것 같다. 미국 MIT 대학의 크루그먼(Paul Krugman) 교수와 같이 아시아 경제 위기의 원인을 아시아 국가들의 제도적 결함에서 찾는 데 선봉적 역할을 했던 사람들마저도 이제 아시아 경제 위기는 국내적 제도의 결함보다는 세계 자본 시장의 불안정성과 국내 금융 규제의 미비에서 찾아야 한다고 받아들이고 있을 정도이다.

그렇다면 1997년 경제 위기의 처리 과정은 어떻게 이해해야 하는가.

첫째로, 최근 서울에서 개최된 IMF 2주년 결산 세미나에서 세계 은행의 스티글리츠(Joseph Stiglitz) 부총재도 지적한 바 있듯이, IMF의 지나친 고(高)이자율 정책은 가뜩이나 높은 단기 부채 비율에 시달리는 우리 기업들의 단기적인 유동성 위기를 불필요하게 증폭시켜 결과적으로 건전한 기업까지 도산케 하고 비정상적인 실업을 발생케

만듦으로써 우리 경제를 멍들게 하였다. IMF가 권고한 거시 경제 정책의 실패가 명백히 드러난 셈이다.

둘째로, IMF가 요구한 일련의 제도 개혁들은 우리 경제의 위기가 근본적으로 제도적 결함에 기인한 것이며, 따라서 우리 제도를 영미식으로 개혁하지 않으면 그 앞날이 어둡다는 인식 하에 제안된 것이다. 그러나 우리는 우리 경제 제도가 흔히 주장되는 것처럼 '기형적'인 것이 아닐뿐더러, 지난 40여 년간 세계가 놀랄 정도의 고도성장과 비교적 균등한 소득 분배를 낳는 데 커다란 공헌을 했던 것들이라는 점을 잊지 말아야 한다. 그리고 그런 기반 위에서 앞서 지적한 바와 같이 1997년 위기의 원인은 우리 제도의 결함 때문이라기보다는 국내외 금융 시장의 불안정성과 근시안성 때문에 벌어진 일이라는 점이 다시 한 번 지적되어야 한다.

그 과정에서 특히 유의해야 할 사실은, 지금 미국의 호황을 등에 업고 '최고의 제도'로 선전되고 있는 영미식 제도들은 바로 10여 년 전만 해도 많은 사람들에 의해 영미계 국가들의 상대적 쇠락의 원인으로 지목되었던, 그래서 급기야는 미국인들 사이에 'Japan as No. 1'이라는 한탄을 불러일으켰던 제도들이라는 것을 잊어서는 안 된다는 점이다.

1997년 IMF 사태는 우리 경제와 사회에 지울 수 없는 상처를 남겼다. 하지만 우리 국민이 IMF의 잘못된 정책으로 그렇듯 불필요하게 커다란 고통을 겪은 데 대한 장기적인 보상은, 우리가 거기서 올바른 교훈을 도출하여 다시는 그런 일이 없도록 하는 것 외에는 현재

로서는 다른 방법이 없다.

이를 위해서는 단기적으로 무조건 영미식 제도를 모방하려 하기 보다는 충분한 시간을 가지고 폭 넓은 토론과 실험을 통해 우리 제도 들 중에서 보존해야 할 것, 수정해야 할 것, 그리고 과감히 버려야 할 것들이 무엇인지에 대해 합의를 도출하는 일이 필요하다.

『한국일보』 1999년 12월 9일

자유방임 정책이 초래한 것은…

다국적 기업의 경우 본사의 이익이 위협받게 되면 지사가
희생되는 방식으로 일을 처리하기 마련이다. 영국에 투자만 한다면
누구든 환영이라는 영국의 자유방임주의적 외국인 투자 정책은
바로 그런 위험에 대비하지 못했던 것이다.

지난 2000년 3월 16일 독일의 BMW 사는 자신들이 1994년에 인수했던 영국 자동차 회사 로버(Rover) 그룹을 매각한다고 발표했다. 이 매각 계획에 따르면 BMW 사는 소량 생산되는 전통의 소형차 생산업체인 미니(Mini) 사만을 남기고, 승용차 생산업체인 로버 사는 벤처 기업인 알케미(Alchemy)에게, 전설적인 4륜구동 차량 생산업체 랜드로버(Land Rover) 사는 미국 포드 사에게 매각할 예정이라는 것이다.

이 같은 BMW 사의 매각 계획은 영국 사회에 대단한 충격을 안겨주었다. 로버 그룹의 주축인 로버 사를 인수하는 알케미가 로버 사의 모든 모델의 생산을 앞으로 3~4년 안에 중단하고 준(準)스포츠카인

MG 모델만을 생산할 계획임을 발표했는데, 그렇게 되면 현재 로버 사가 고용하고 있는 9,000여 명의 직원 중 8,000여 명이 해고될 수밖에 없는데다, 하청 기업이나 판매업체에 고용된 인원 중에서도 7만여 명이 추가로 일자리를 잃게 될 것으로 보이기 때문이다.

BMW 측은 이번 매각 결정이 영국 파운드 화의 과대평가 때문에 수지타산이 맞지 않게 되어 내리게 된, 부득이한 결정이라고 주장하고 있다. 하지만 많은 영국 사람들은 BMW 측이 애초부터 로버 그룹 전체를 살리려는 의도보다는 랜드로버나 미니 등 고부가가치 모델만을 빼내 가려는 의도에서 인수했던 것이라며, 이번 일에 수수방관한 현 노동당 정부를 맹공격하고 있다. 로버 사의 공장이 위치하고 있는 버밍엄 지역에서는 지난 4월 2일 10만 명 이상이 모여 BMW 사와 현 정부를 공격하는 시위를 벌이는가 하면, 바이어스(Stephen Byers) 상공장관의 사임을 요구하는 목소리가 날로 높아지는 등 로버 그룹의 매각을 둘러싸고 영국 전체가 떠들썩한 것이다.

아이러니컬하게도 BMW 사가 1931년 처음 생산한 자동차 모델이 당시 로버 사에서 라이센스를 얻은 것이었다. 그 점을 감안하면 로버 그룹이 1994년 BMW 사에 매각된 것 자체가 영국 자동차 산업의 쇠락을 상징하는 사건이라 할 수 있다. 게다가 이번 로버 그룹의 매각으로 로버 사의 승용차 생산이 사실상 중단된 데 이어, 영국에 많은 공장을 가지고 있는 미국 포드 사가 최근 일부 공장의 문을 닫을 것임을 발표했고, 일본의 혼다 사도 생산 감축 계획을 발표한 지금의 상황은 자칫 영국 자동차 산업의 존립 자체가 의심스러운 지경이라 할 수 있다.

영국의 자동차 산업이 이같이 곤경에 빠진 데에는 투자 부족으로 인한 장비의 낙후성, 직업 훈련 부족으로 인한 노동력의 질 저하 등 몇 가지 이유가 있지만, 가장 중요한 것은 결국 다음 두 가지라고 할 수 있다.

첫째로, BMW나 혼다 등이 지적하는 바와 같이 영국 파운드 화의 과대평가가 문제이다. 1997년 대처(Margaret Thatcher) 총리가 집권한 이후 영국 정부는 제조업보다는 금융업을 중시해 고이자율, 저인플레 정책을 써 온 것으로 유명하다. 그런 점에서는 현재의 블레어(Tony Blair) 정부도 예외가 아니었는데, 특히 지난 3년 정도 지속된 파운드 화의 지나친 고평가는 자동차 산업뿐만 아니라 영국의 제조업 전체를 위기에 몰아넣었다는 것이 중론이다.

둘째로, 대처 총리 이후 영국 정권들이 체계적인 산업 정책 없이 누가 되었든 영국에 투자만 한다면 환영이라는 노선을 추구해 왔던 것이 문제이다. 최근 BMW·포드·혼다 등의 행동에서도 보았듯이 다국적 기업에도 국적이 있는 만큼 본사의 이익이 위협 받을 때는 결국 지사가 희생되는 방식으로 일을 처리하기 마련인데, 영국 정부의 자유방임주의적 외국인 투자 정책은 이런 가능성에 대해 대비하지 못했던 것이다.

최근 영국의 자동차 산업을 비롯한 제조업이 겪고 있는 이러한 문제들은 우리에게도 중요한 교훈을 준다. 첫째로, 최근 우리나라 통화 정책의 기조가 제조업보다는 금융업 쪽으로 옮겨 가고 있는데, 영국의 경험은 이것이 국제 경쟁력에 해가 됨을 보여 준다. 둘째로, 1997년 위기 이후 우리 정부의 산업 정책은 뚜렷한 장기 비전 없이 외국인 투자는 많으면 많을수록 좋다는 영국식 산업 정책을 닮아가고 있는데, 영국의 사례는 이러한 정책에 커다란 위험이 따른다는 사실을 적시한다. 우리 경제 정책의 신중한 재검토가 필요하다는 신호라 할 수 있을 것이다.

『문화일보』 2000년 4월 11일

사위어 가는 신자유주의의 불길

복지 지출 삭감으로 빈곤층이 증가하고, 연금과 보건 예산
삭감으로 노후 보장이 제대로 이루어지지 않게 되면서 1990년대
들어 구미 각국에서 신자유주의적인 '작은 정부'에
대한 회의가 일기 시작했다.

지난 23일 미국의 클린턴(Bill Clinton) 대통령은 미국 하원이 통과시킨 대규모 조세 감면법에 대해 거부권을 행사하였다.

이 법안은 미국 하원의 다수당인 공화당이 발의하여 통과시킨 것이고, 클린턴 대통령은 민주당 출신이라는 사실에 비추어 보면 별로 특별한 사건이 아닌 것으로 보일 수도 있다. 그러나 좀 더 자세히 따져 보면 이것은 정당 간의 상호 견제 차원 이상의 의미가 있는 사건이다.

정치인치고 여론에 민감하지 않은 사람은 없지만, 클린턴 대통령은 여론조사 결과에 따라 수시로 정책 방향을 수정하는 인물로 특히 잘 알려져 있다. 이번 거부권 행사도 그런 면에서 예외가 아니었는

데, 여론조사마다 대다수 국민이 조세 감면을 원하지 않는다는 것을 보여 주고 있었기 때문이다.

이것은 엄청난 변화다. 1970년대 말 이후 미국을 비롯한 선진국 경제 정책의 근간을 이루어 온 신자유주의가 추구하는 '작은 정부' 노선을 이제 신자유주의의 본고장이라고 하는 미국의 국민마저도 거부하고 있다는 신호이기 때문이다.

신자유주의 프로그램에는 규제 완화, 민영화, 시장 개방 등 여러 가지 정책이 포함되어 있지만, 그 중에서도 국민으로부터 가장 인기를 얻은 것은 세금을 낮추고 그에 맞추어 정부 지출을 축소하는 '작은 정부' 노선의 추구였다. 신자유주의 혁명의 기수였던 미국의 레이건 정부나 영국의 대처 정부가 가장 힘을 기울여 추진하였던 것이 감세와 정부 예산 축소였으며, 1980년대에는 전통적으로 정부의 복지 관련 지출을 옹호하던 선진 제국(諸國)의 중도좌파 정당들마저도 선거에 이기기 위해서는 어느 정도의 정부 지출 축소와 조세 감면을 약속하지 않으면 안 될 정도로 국민의 조세 저항이 거세어졌던 것이다.

그러나 이러한 신자유주의적인 '작은 정부'의 추구는 1990년대에 들어서면서 서서히 그 인기를 잃게 된다. 지나친 복지 지출 삭감으로 빈곤층이 증가하고, 교육 예산의 삭감으로 노동력의 질이 떨어지는가 하면, 국민연금과 보건 지출 등의 삭감으로 노후 보장이 제대로 되지 않게 되면서, 국민들은 과연 정부가 작아지기만 하는 것이 좋은지에 대한 회의를 품기 시작했기 때문이다. 1990년대 후반 스페

34

인 등 몇 나라를 제외한 모든 구미 선진국에서 신자유주의적 '작은 정부'를 비판하는 중도좌파 정당들이 집권하게 된 것도 이런 배경에서였다.

물론 1980년대 신자유주의 혁명을 거치면서 구미 선진국들의 중도좌파 정당들이 과세의 정부 지출에 대한 자신들의 전통적 입장을 많이 수정하였던 것은 사실이다. 이제는 대부분의 중도좌파 정당도 과거처럼 복지 예산을 팽창시키는 것만이 능사는 아니며, 복지 수혜자들도 자립 노력을 해야 한다는 것을 강조한다.

그러나 이들은 여전히 적절한 복지 지출을 통해 모든 국민의 기본 생활을 보장하는 것은 선진 사회의 의무라고 믿는다. 또한 평생교육을 포함한 교육과 직업훈련, 공공 도서관·공공 운동 시설과 같은 각종 여가 선용 시설과 보건 등에 대한 지출은 단기적으로는 국민의 삶의 질을 향상시키는 '공공 소비'일 뿐만 아니라, 장기적으로도 노동력의 질을 높여 국민 경제의 생산력을 향상시키는 '공공 투자'이기도 하다는 것이 이들의 주장이다.

우리나라에서도 최근 신자유주의가 득세를 하면서 정부 예산은 작을수록 좋다는 주장을 하는 사람이 많아지고 있다. 그러나 이것이 과연 현명한 주장인가. 물론 우리나라가 국민소득에 대비한 중앙 정부 예산 규모가 40~50%에 달하는 유럽식의 복지 국가 제도를 채택해야 하는지에 대해서는 논란의 여지가 있을 수 있다.

그러나 우리나라의 국민소득 대비 예산 규모가 18% 정도로, 선진국 중에 복지 국가 제도가 상대적으로 취약하다는 미국(23%), 스위스(27%)에 비해서도 작은 편임을 고려할 때, 그리고 정부 지출의 많은 부분이 장기적으로 보아 노동력의 질을 높이는 '투자' 임을 생각할 때, 우리나라 정부 예산의 확대는 필요하고 또 가능한 것이다.

따라서 우리는 선진국에서 이미 퇴조하고 있는 '작은 정부' 론을 무비판적으로 받아들이기보다 우리 사회의 바람직한 미래상에 대한 국민적 합의를 도출하고, 그것을 바탕으로 정부 지출을 줄일 곳에서는 과감하게 줄이되 늘릴 곳에서는 과감하게 늘리겠다는 자세를 가지고 정부 예산 문제를 재검토하는 것이 필요하다.

『문화일보』 1999년 9월 28일

FTA는 함정인가? 도약대인가?

자유무역협정의 경우 경제 발전 수준에 격차가 크면
단기적으로는 둘 다 이익일지 몰라도, 장기적으로는 후진국은
손해를 볼 가능성이 크다. 후진국의 기존 산업은 도태되는
반면에 새로운 산업은 출현하기 어렵기 때문이다.

지금 미국 정부에는 장관이 14명이지만 건국 초기에는 장관이 5
명밖에 되지 않았다. 국무장관, 재무장관, 법무장관, 체신장관 그리
고 전쟁장관이 그 면면이다. 그 중 눈길을 끄는 것은 전쟁장관이라는
직책이다. 이 직책은 지금은 국방장관이라 불리지만 1950년대 초 트
루먼(Harry Truman) 대통령 때까지는 전쟁장관으로 불렸다.

그와 관련 조금만 깊이 생각해 보면 이 명칭이 기실 실체에 보다
부합하는 것이라 할 수 있다. 1812년 영국과의 전쟁 이후 다른 나라
의 군대가 미국 본토에 발을 들여 놓은 적이 없으니 미국 국방장관의
주요 업무는 사실 '방어' 라 할 수 없기 때문이다.

그런데 이처럼 이름과 실체가 다른 것 중의 하나가 최근 우리나

라가 칠레와 체결했고, 싱가포르·일본 등 여러 나라와 체결하려고 안간힘을 쓰는 양자 간 자유무역협정(FTA)이다.

양자 간의 자유무역협정은 사실 진정한 자유무역협정이 아니다. 협정 당사국 간에는 자유 무역이 이루어질지 몰라도 그 외의 나라들에 대해서는 보호 무역을 강화하는 것이기 때문이다. 우리가 칠레와 자유무역협정을 맺어 칠레 농산물을 관세 없이 수입한다면, 이는 다른 나라 농산물에 대한 무역장벽을 상대적으로 높이는 것이다. 즉 다자 간 자유무역협정을 통해 모든 나라에 동시에 개방하지 않는 한 진정한 자유 무역이라고 할 수 없는 것이다.

물론 양자 간 자유무역협정이 진정한 자유 무역의 원리에서 벗어난다고 해서 무조건 나쁘다는 것은 아니다. 모든 정책이 그렇듯이 자유 무역은 상황에 따라 득이 될 수도 실이 될 수도 있기 때문이다. 경제 발전 수준이 유사한 두 나라가 양자 간 자유무역협정을 맺으면 서로 시장이 확대되고 국제 분업과 경쟁이 촉진돼 둘 다 득을 볼 확률이 높다.

그러나 경제 발전 수준에 격차가 큰 나라들끼리 양자 간 자유무역협정을 맺으면 단기적으로는 서로 더 싼 물건을 살 수 있게 되어 둘 다 이익이지만, 장기적으로는 선진국은 이익을 보고 후진국은 손해를 볼 가능성이 크다. 생산성 격차가 작은 경우에는 자유 무역에 의해 경쟁이 증가하면 후진국의 생산성이 올라갈 확률이 높지만, 생산성 격차가 큰 경우는 후진국의 기존 산업이 도태되고 새로운 산업은 출현하지 못하기 때문이다.

　바로 이런 이유 때문에 많은 선진국들도 자신들이 후진국일 때에는 자유 무역을 회피했다.

　일본의 경우를 보자. 1960년대 말 일본의 모든 자동차 회사의 생산량을 합쳐도 미국의 GM(General Motors) 한 회사 생산량의 반도 되지 않았다. 이때 자유 무역론자들의 경우 일본은 비교우위가 없는 자동차 산업을 억지로 육성하려 하지 말고 시장을 개방해야 한다고 주장했는데, 그들의 말을 따랐더라면 오늘날 세계 최고를 자랑하는 일본의 자동차 산업은 없었을 것이다.

　이렇게 본다면 얼마 전 우리나라를 시끄럽게 했던 한·칠레 자유무역협정은 사실 장기적으로는 칠레보다는 우리에게 더 득이 되는 것이다. 이로 인해 피해를 볼 우리 농민들에 대한 충분한 보상책 없이 정부가 추진했던 점은 비판 받아 마땅하지만, 전체적으로는 이것이 우리나라에 유리한 협정임은 분명하다.

　반면 같은 원리에서 일본과의 자유무역협정은 우리에게 득보다 실이 많다. 우리나라는 일부 분야를 제외하고는 기술 수준이 일본보다 20~30년 뒤져 있는 상대적 후진국이다. 한·칠레 협정에 대한 농민의 반대를 '집단 이기주의'로 몰아붙이는 데 앞장섰던 기업들이 한일 협정에 대해 신중론을 펴는 것이 바로 이런 현실을 반영한다. 정부도 이 점을 감안해 일본과의 자유무역협정에서는 '민감한' 품목을 여럿 제외하려 한다지만, 중요한 품목을 죄다 뺀다면 왜 굳이 자유무역협정을 맺어야 하는지 의문이다.

　자유무역협정, 특히 일본이나 미국과 같은 선진국들과의 양자 간

자유무역협정은 신중하게 접근해야 한다. 이런 협정은 사실 진정한
자유 무역으로 가는 길도 아니며 장기적으로는 우리에게 득보다 실
이 많은 것이기 때문이다.

『동아일보』 2004년 5월 18일

미국 화폐에서 무엇을 배울 것인가?

미 달러 화 지폐에 그려진 정치인들은 모두가 자국 기업
보호와 외국인 투자의 제약에 애썼다. 18~19세기 당시
유럽 선진국에 비해 국제 경쟁력이 뒤지고 자본을
수입해야 했던 미국의 입장을 반영한 결과였다.

"은행은 군대보다도 더 무서운 무기다. 은행은 순수하게 우리 국민이 소유해야 한다."

1832년 미국 국책 은행인 미합중국은행(Bank of the USA)의 외국인 소유 지분이 30%에 이르자 미국의 국익을 위협한다는 이유로 그 허가를 취소하면서 잭슨(Andrew Jackson) 대통령이 남긴 유명한 말이다.

당시 미국 은행법에 의하면 외국인은 은행의 이사가 될 수 없을 뿐만 아니라 주주로서의 투표권마저 행사할 수 없었음에도 불구하고 잭슨 대통령이 이런 말을 한 것은 미국이 영국 등 선진국의 금융 지배를 얼마나 두려워했는지를 단적으로 보여 준다. 최근 미국계 펀드

인 론스타에 외환은행이 매각된 것을 계기로 불거지고 있는 국내 자본에 대한 정부의 역차별 논쟁과 관련해 곰곰이 생각해 볼 일이라 할 것이다.

이와 같은 미국 경제 민족주의의 뿌리가 얼마나 깊은지는 잭슨 대통령의 초상화가 그려진 20달러짜리 지폐를 비롯해 미 달러 화에 실려 있는 유명 정치인들의 초상화를 보면 알 수 있다. 1달러 지폐에 나오는 워싱턴(George Washington) 초대 대통령은 취임식 때 질 좋은 영국제 옷을 마다하고 질 나쁜 미국산 옷을 입을 것을 고집했다고 한다.

5달러 지폐에 나오는 제16대 링컨(Abraham Lincoln) 대통령은 "미국과 같은 후진국의 정부는 관세나 보조금 등을 통해 자국 산업의 경쟁력을 키워야 한다."는 유치 산업(幼稚産業) 보호론자로 유명하다. 1860년 대통령 선거전에서도 링컨과 공화당은 "자유 무역은 미국이 아닌 영국에 더 득이 된다."며 자유 무역을 주장하는 민주당을 '영국당'(British Party)이라고 비난했고, 남북전쟁에서 승리한 다음에는 공산품에 대한 관세를 미국 역사상 최고 수준으로 올리기까지 했을 정도였는데, 그 뒤 제2차 세계대전 때까지 100년 가까이 미국의 공산품 관세율은 세계 최고 수준을 유지하였다.

10달러 지폐에 나와 있는 해밀턴(Alexander Hamilton)은 초대 재무장관으로서 사실상 미국의 경제 시스템을 설계한 사람인데, 그는 우리가 흔히 독일 경제학자 리스트(Friedrich List)의 작품으로 알고 있는 유치 산업 보호론의 실제 창안자였다.

50달러 지폐에는 남북전쟁 당시 북군의 명장인 제18대 그랜트 (Ulysses Grant) 대통령이 있다. 그는 영국이 미국에 자유 무역을 요구하자 "영국도 17, 18세기에 유럽의 산업 중심지였던 네덜란드와 벨기에를 따라잡으려고 보호 무역을 했다."며 "우리도 영국처럼 한 200년쯤 보호 무역을 통해 산업을 발전시킨 뒤에는 자유 무역을 할 것이다."고 반박했다.

100달러 지폐에 나와 있는 프랭클린(Benjamin Franklin)은 미국 '건국의 아버지들' 중 최연장자로, 대통령이나 장관을 지낸 적은 없지만 지금까지 미국인의 존경을 받는 정치인인데, 경제 문제와 관련해서는 "유럽 국가들은 미국에 비해 노동력이 풍부해 임금이 낮다." 면서 "미국 노동자들에게 고임금을 보장하기 위해서는 관세를 통해 미국 기업들을 보호해야 한다."고 주장한 바 있다.

미 달러 화 지폐에 모습을 보이고 있는 정치인들이 이렇듯 모두 자국 기업을 보호 또는 보조하되, 외국인 투자는 제약하려 한 것은 18~19세기 당시 유럽의 선진국들에 비해 국제 경쟁력이 뒤지고 자본을 수입해야 했던 미국의 입장을 철저히 반영한 것이었다. 그런 미국이 무역과 투자에 대한 규제를 대폭 완화한 것은 제2차 세계대전 이후의 일인데, 이는 미국이 세계 경제의 최강국이 되면서 자유화를 취하는 것이 국익에 유리해졌기 때문이지 뒤늦게 자유 무역 이론이 옳다는 것을 깨달았기 때문은 아니다.

이런 식으로 경제 민족주의를 통해 성공한 나라는 미국뿐이 아니다. 여타 선진국들도 지금은 후진국들에게 자유 무역과 외국인 투자 개방을 설교하고 있지만, 그들이 후진국이었을 때는 보호 무역을 하고 외국인 투자를 규제했다.

지금 한국 정부 일각에는 우리 기업과 금융 기관을 적극 지원하기는커녕 도리어 역차별하면서 그것이 세계화 시대에 우리 국익을 위하는 것이라고 주장하는 사람들이 있다. 그러나 세계화 논리는 선진국의 경제 민족주의를 세계주의로 포장한 것임을 알아야 한다. 그것을 알면서도 선진국의 압력 때문에 선택적 개방을 하지 않을 수 없다는 것까지는 몰라도, 국내 기업을 역차별해 가면서까지 무리한 개방을 추진하는 것은 극히 위험한 일이다.

『동아일보』 2003년 9월 17일

국적 없는 자본이 존재하는가?

개방을 외치는 선진국들도 자국 경제의 대외 방어력이
떨어진다고 판단되면 서슴없이 외국 자본의 규제에 나서곤 한다.
자유 시장 경제의 상징처럼 알려진 미국도 제2차 세계대전
때까지는 외국인 투자를 엄격히 제한했다.

최근 외국계 크레스트 증권이 단기간의 전격적인 주식 매입을 통해 SK 그룹의 사실상 지주 회사인 주식회사 SK의 최대 주주로 올라서면서, 우리나라 재벌들이 외국인에 의해 간단히 인수·합병될 수 있음을 보여 주었다.

법적으로 금지돼 있던 외국인의 적대적 인수 합병이 합법화된 상황에서, 국내에서는 공룡으로 통하지만 국제적 기준으로 보면 아직도 규모가 작은 국내 재벌들이 외국계 자본에 의한 적대적 인수·합병의 대상이 되는 것은 당연한 일이다.

게다가 대기업 집단에 대해 순자산의 일정 비율을 초과해 계열사에 출자할 수 없도록 한 출자총액제한 제도로 말미암아 많은 수의 재

벌 핵심 기업들이 계열 기업에 대해 갖고 있는 지분만큼의 의결권도 행사하지 못하게 되어 있기 때문에 재벌들이 외국계 자본에 의해 인수·합병될 가능성은 더욱 높아지고 있다.

우리나라 재벌들이 개혁 대상으로 여겨지는 상황에서 그들의 이 같은 사정은 별로 동정심을 불러일으키지 못한다. 특히 주식회사 SK 처럼 분식회계 등 여러 탈법적인 행위로 도덕성에 치명적인 타격을 입은 경우에는 차라리 외국계 자본에 인수되면 그 기업의 투명성이 제고되고 더 효율적인 경영을 할 것이라고 많은 사람들이 생각하는 것이 사실이다.

사실 크레스트 증권은 영국령 버진 아일랜드에, 그 모기업인 소 버린은 모나코라는 유명한 세금 도피처에 위치한 펀드들로, 도덕성 을 운운할 처지가 아니다. 그럼에도 그들이 주식회사 SK의 최대 주 주가 되자마자 한국에서 도덕 경영 운동의 상징처럼 돼 있는 참여연 대를 사전 접촉한 것은 앞으로 다가올 인수전에서 도덕성의 우위를 차지하려는 의도로 보인다.

그런 식으로 우리의 대기업들이 통째로 외국에 넘어갈 수 있다는 것을 걱정하면, 많은 사람들이 요즘처럼 세계화된 세상에서 자본의 국적을 운운하는 것은 낡은 민족주의라고 말한다. 그러나 과연 자본 은 국적이 없는 것인가.

세계화의 진전으로 이세 국적을 초월했다는 초국적 기업들의 경 우에도 전략 수립·연구 개발·브랜드 관리·고부가가치 상품 생산 등 핵심 기능은 아직도 거의 전부가 본국에서 행해지고 있고, 최고 경영진도 대부분 본국인이다. 1998년 독일의 다임러 벤츠(Daimler-Benz) 그룹이 미국의 크라이슬러(Chrysler) 사를 인수했을 때, 처음에는 양 사의 동반자적 결합이라며 이사회를 동수의 독일인과 미국인으로 구성했지만, 합병 후 4년이 지난 지금은 이사 14명 중에서 미국인이 2명뿐이라는 사실은 그 좋은 본보기라 할 것이다.

선진국에 기반을 둔 투자 기금들의 경우에도 사정은 크게 다를 바가 없다. 이들이 대주주가 되면 한국 같은 후발국 기업은 성장과 경쟁력에 엄청난 견제를 받게 된다. 이들의 주 고객층이 고령화되고 안정화된 선진국 국민인지라 후발국 기업들이 행하는 적극적인 투자보다는 배당을 높이는 방식의 경영을 선호하기 때문이다.

자본에 국적이 없다고 외치는 선진국들도 자국 경제의 대외 방어력이 떨어진다고 생각되면 서슴없이 외국 자본을 규제해 왔다는 사실도 우리는 잊어서는 안 된다. 심지어는 자유 시장 경제의 상징처럼 알려져 있는 미국도 제2차 세계대전까지는 외국인 투자를 엄격히 제한하였다. 해운업에 대한 외국인 투자를 금지했고, 외국인의 토지 소유와 채광권·벌목권 등을 엄격히 규제했으며, 은행의 경우에는 미국에 영주하지 않는 외국인 주주들에게 투표권조차 주지 않을 정도였다.

또 프랑스·독일·스웨덴·스위스·네덜란드 등 대부분의 유럽 선진국들에서는 지금도 주요 대기업의 주식을 정부나 정부 관련 금융 기관이 일정 부분 소유해 안정 지분 확보를 도와주거나, 차등 주식의 발행을 허용해 비(非)핵심 주주의 의결권을 제한하는 등의 방법으로 외국 자본에 의한 적대적 인수 합병을 규제하고 있다.

우리 재벌들은 이제 하루아침에 지배권을 박탈당할 수 있다는 현실을 직시하고, 말로만이 아닌 진정한 국민의 기업으로 다시 태어날 길을 모색해야 한다. 그리고 이들이 이같이 반성하고 사회적 통제를 받아들인다는 전제 하에서 우리 정부도 대타협의 정신으로 현재의 재벌 정책을 재검토해 재벌의 지배권을 안정시켜 줘야 한다. 한마디로 "자본에 국적이 없다."는 말은 강대국 자본들이 지어낸 신화(神話)이기 때문이다.

『동아일보』 2003년 4월 15일

다국적 기업은 없다!

대부분의 다국적 기업들의 경우 아직도 최소한 70~80%의
생산 활동과 고용이 본국에서 이루어지고 있으며, 장기
전략의 수립이나 연구 개발(R&D) 등의 핵심 업무는
거의 대부분 모국에서 행해지고 있다.

1997년 외환 위기 이후 유수의 국내 기업 다수가 외국 기업들에게 매각되었다. 또 성장 기업의 경우 설령 외국 기업들에게 매각되지는 않았다 하더라도 그 주식이 다량 외국인 투자가들에 의해 매입되었다.

그러다 보니 일부에서 이러다 외국인들이 우리 기업을 모두 사버리는 것이 아니냐는 우려가 제기될 정도인데, 최근 대우 사태를 맞아 대우전자가 미국 지주 회사에 의해 매입되고, 대우조선이나 대우자동차 등 우리 경제를 상징하는 기업들마저 외국 기업들에게 팔리게 될 전망이 높아지면서 이 같은 우려는 더욱 가중되고 있다.

물론 외국인에 의한 경제 지배의 우려는 우리나라에만 있는 것이

아니며, 어제 오늘 생긴 일도 아니다. 서구 열강의 제국주의와 다국적 기업의 팽창은 서로 밀접히 관련되어 있기 때문이다.

제2차 세계대전 이후 많은 후진국들이 독립과 함께 다국적 기업의 활동을 제한하고 나선 것도 그런 배경 탓이었다. 물론 그 과정에서 인도 등 일부 후진국들은 다국적 기업의 활동을 지나치게 제한한 결과 경제 발전이 저해되기도 했다. 하지만 우리나라나 대만 같은 경우에는 다국적 기업의 활동을 제한하면서도, 수용할 것은 적극적으로 수용하여 이득을 보았던, 다국적 기업 '선별적 유치'의 성공 사례로 꼽혀 왔다.

그러나 1990년대 들어 반(反)다국적 기업 정책에 대한 비판이 강화되면서 많은 나라들이 다국적 기업을 적극 유치하는 방향으로 노선을 전환하였다. 이러한 새로운 정책 노선의 옹호자들은 소위 세계화의 진전에 따라 세계 시장이 통합되면서 경영 전략의 수립에 있어 기업의 국적은 별 의미를 갖지 못하게 되었으며, 따라서 투자 유치국(host country) 입장에서는 효율적으로 경영되기만 한다면 자국 내에서 활동하는 기업의 소유주가 자국인인가 외국인인가는 무의미해졌다고 주장한다.

이러한 주장을 펴는 이들이 흔히 드는 사례 중 하나가 스위스에 본부를 두고 있는 세계 유수의 식품회사 네슬레(Nestle)이다. 이들의 주장에 따르면 생산과 고용의 90% 이상이 스위스 밖에서 이루어지고 있는 상황에서 네슬레를 스위스 기업이라고 부르는 것은 의미가 없다는 것이다.

이 같은 주장은 최근 들어 독일의 다임러 벤츠가 미국의 크라이슬러를 사실상 사들이는가 하면, 프랑스 르노가 일본 닛산의 최대 주주로 등장하는 등 국경을 초월한 매수·합병 현상이 확대되면서 더욱더 힘을 얻고 있다.

그러나 과연 기업의 국적이 이제 더 이상 중요하지 않게 된 것인가? 결코 그렇지 않다.

네슬레와 같이 모국의 비중이 극도로 작아진 기업은 실제로 극소수에 지나지 않는다. 대부분의 다국적 기업의 경우 아직도 최소한 70~80%의 생산 활동과 고용이 본국에서 이루어지고 있다. 특히 장기 경영 전략 수립, 연구 개발(R&D) 등 고부가가치를 창출하는 핵심 활동(core activities)들은 거의 대부분 모국에서 행해지고 있으며, 최고 경영진은 극소수의 예외를 제외하고는 전부 모국인이라는 사실에 주목할 필요가 있다.

여기에 다국적 기업들이 관련된 경제 분쟁이 일어나면 모국의 정부가 거의 어김없이 자국 기업의 이익을 위해 개입한다는 사실까지 감안하면, 겉으로 보기에는 고도로 다국적화된 기업들인지 몰라도 기실 그 대부분이 국적을 초월한 기업이라기보다는 일정한 국적을 가지고 있되, 그 활동을 국제화한 기업으로 보아야 할 것이다.

이렇게 볼 때 기업의 국적을 따지는 것은 일부에서 주장하는 것처럼 세계화 시대에 뒤떨어진 편협한 민족주의에 기반한 감정적인 문제가 아니라, 중요한 경제적 함의가 있는 문제이다. 다시 말해 기업의 국적은 누구에 의해 기업의 핵심 결정이 이루어지고, 어떤 곳에서 고부가가치 활동이 행해질 것인지에 대해 지대한 영향을 미치는 만큼 각국 국민 경제의 흥망과 밀접한 관련이 있는 문제인 것이다. 그렇다면 우리 정부도 기업 매각 문제에 있어 좀 더 장기적인 국민 경제의 이익을 생각하면서 정책 방향을 정할 필요가 있을 것이다.

『한국일보』 1999년 8월 26일

선진국들이 바뀌어야 한다

선진국 위주의 현재의 국제 질서가 보다 민주적이고
개발 도상국의 이익을 존중하는 방향으로 개선되지 않으면
세계화는 정치적 한계에 부닥치게 될 수밖에 없고, 그 경우
통합된 세계 경제의 존립 자체가 위협 받을 수도 있다.

지난달 국제통화기금(IMF)과 세계은행의 정기총회가 개최되었던 워싱턴에서는 이들 국제기구의 정책에 항의하는 세계 각국 시민단체들의 시위가 계속되었다.

이번 시위는 지난해 말 시애틀에서 개최되었던 국제무역기구(WTO)의 소위 '밀레니엄 라운드'를 거의 마비시키다시피 했던 시위만큼 심각하지는 않았다. 그러나 이렇듯 WTO·IMF·세계은행 등 국제 경제 질서를 규정하는 기구들의 모임이 있을 때마다 세계 각국에서 수백 개의 시민단체가 모여 대규모 시위를 벌이는 일이 일상화되기 시작했다는 것은, 소위 세계화로 규정되는 현재의 국제 경제 질서가 앞으로는 지금만큼 순조롭게 진행되지 않을 것임을 시사하는

현상으로 주목하지 않을 수 없다.

최근의 이 같은 시위에 참여하는 시민단체들의 성격을 한마디로 규정하기는 힘들다. 이들은 빈곤 해소·인권 신장·환경 보호·노동자 권익 신장 등 그 추구하는 목표가 다양할 뿐만 아니라, 그 본부나 활동 무대도 선진국에서 개발 도상국에 이르기까지 폭 넓게 펼쳐져 있다. 그럼에도 이들이 공동 전선을 펴는 것은 이들 모두가 현재의 국제 경제 질서에 대해 불만을 공유하고 있기 때문이다.

대다수의 시민단체는 지난 20여 년간 IMF와 세계은행이 개발 도상국에 자금을 제공하면서 그 대가로 요구해 왔던 재정 긴축·고(高) 이자율·상품 및 자본 시장 개방·민영화·규제 완화 등의 정책이 대부분의 경우 약속과는 달리 개발 도상국들의 발전을 촉진하지 않았음을 지적하면서, 동시에 IMF와 세계은행이 해당 국가의 특수한 사정은 고려하지 않은 채 교과서적 모델에 기반한 천편일률적인 정책만을 요구한다고 비판한다.

또한 이들은 IMF와 세계은행의 경우 그 의사 결정 구조 자체가 나라마다 투표권이 주어지는 일국일표(一國一票) 방식이 아닌 돈을 낸 만큼 투표권을 갖는 일불일표(一弗一票)의 원칙을 따르기 때문에 결국에는 자본금을 많이 낸 선진국, 특히 미국의 이익을 우선하는 방향으로 운영될 수밖에 없으며, 그나마 표면적으로는 일국일표의 원칙을 취하고 있는 WTO마저도 실제로는 대부분의 결정이 선진국 간의 막후협상에 의해 이루어지고 있다며 이들 국제기구의 민주적 대표성과 운영의 투명성에 대해 의문을 제기하고 있다. 물론 그와 관련해 일부에서는 이들 국제기구의 민주적 대표성 결여를 비판하는 시민단체들 역시 민주적 대표성이 없기는 마찬가지임을 지적하지만, 그렇다고 해서 IMF 등의 국제기구들이 가지고 있는 문제가 간과될 수는 없을 것이다.

IMF 등의 국제경제기구에 대한 시민단체들의 비판은 1980년대 중반에 본격적으로 제기된 이후 한동안은 별다른 반향을 불러일으키지 못하였다. 그러나 최근 들어 지난 20여 년간 개발 도상국에서 시행해 온 IMF와 세계은행의 정책들이 대부분 실패한 것으로 드러났다. 특히 1990년대에 들어 IMF 등의 국제경제기구들이 촉구한 금융시장 개방과 규제 완화의 결과 세계 금융 시장의 불안이 증가하면서, 이러한 비판은 점차 그 영향력이 확산되고 있다. 최근에는 미국 의회에 제출된 멜처(Meltzer) 보고서마저 ─ 시민단체들과는 조금 다른 시각에서이기는 하지만 ─ IMF와 세계은행을 혹독하게 비판하고 나섰는데, 이는 매우 주목할 만한 일이라 할 수 있다.

이렇게 볼 때 세계화는 이제 중요한 길목에 다다랐다. 지금까지의 세계화 과정에서는 '무전유죄(無錢有罪)'라고 개발 도상국들의 경우 대부분 선진국들이 IMF 등의 국제경제기구를 통해 부과하는 정책들을 거의 무조건 받아들여야 했고, 개발 도상국들도 그 과정에서 그러한 정책들이 경제 발전을 도우리라고 기대했던 것도 어느 정도는 사실이다. 그러나 지난 20여 년의 경험은 이러한 정책들의 한계를 드러냈으며, 이제 개발 도상국들이나 이들의 입장을 변호하는 시민단체들은 더 이상 앉아서 당하고 있지만은 않겠다는 입장을 보이기 시작하고 있는 것이다.

IMF 등 국제경제기구에 커다란 문제가 있다고 해서 일부 과격한 좌파 시민단체들이나 미국의 일부 국수주의적 우파 정치인들이 주장하는 것처럼 이러한 기구들을 폐지하는 것이 상책은 아니다. 그러나 이러한 기구들의 의사 결정 방식과 정책 방향, 그리고 나아가서는 현재의 국제 경제 질서 자체가 좀 더 민주적이고 개발 도상국의 이익을 존중하는 방향으로 개선되지 않으면, 세계화는 정치적 한계에 부닥치게 될 수밖에 없고, 그렇게 되면 통합된 세계 경제의 존립 자체가 위협을 받을 수도 있다. 선진국들의 장기적인 안목과 포용성이 그 어느 때보다도 요구되는 시점이 아닐 수 없다.

『문화일보』 2000년 5월 2일

여전한 '경제적 구타의 악순환'

우리도 산업화 초기에는 누구 못지않게 자국 산업을
보호했다. 그런데 우리 산업에 수출 경쟁력이 생기자 후진국들에게
시장 개방 압력을 넣고 있다. 고참에게 쥐어 터지던 신병이
고참이 되자 신병 구타에 나선 셈이다.

세계무역기구(WTO) 관련 협상에서 우리나라는 후진국들에게 욕을 많이 먹는다. 10여 년 전까지만 해도 유치 산업 보호 정책의 온상이었고, 외국인 투자를 극심하게 규제했으며, 지적재산권을 밥 먹듯이 위반하던 나라가 조금 살 만하게 되었다고 이제는 공산품 관세 철폐, 다자 간 투자 협정, 지적재산권 보호 등을 외치는 선진국 편에 서서 '개구리 올챙이 적 생각 못하고' 나댄다는 것이다.

부끄러운 일이 아닐 수 없다. 그러나 '개구리 올챙이 적 생각 못하는' 행동을 하는 게 우리나라뿐인 것은 아니다. 다른 선진국들도 자기들이 후진국일 때는 유치 산업을 보호하고, 외국인 투자를 규제하며, 지적재산권을 위반하였다. 다만 그들은 그런 일들을 100년,

200년 전에 하였기 때문에 그 '어두운 과거'를 기억하는 사람이 별로 없고, 그 결과 우리나라같이 최근 잘살게 된 나라만 위선적인 것으로 보이게 되었을 따름이다.

'개구리 올챙이 적 모르는' 선진국의 자유 무역 옹호

이러한 '역사적 위선'의 원조는 영국이다. 우리는 흔히 영국을 자유 무역의 시조로 알고 있지만, 영국이야말로 유치 산업 보호를 발명한 나라라고 할 수 있다.

영국은 16세기까지만 해도 당시의 '첨단 산업'이던 모직물 공업의 중심지인 네덜란드와 벨기에에 양모를 수출하고 모직물을 수입하던 유럽의 후진국이었다. 이를 극복하기 위해 에드워드 3세, 헨리 7세 등 영국의 왕들은 양모에 대해서는 수출 관세를 부과하고, 모직물에 대해서는 수입 관세를 부과하는가 하면, 정부가 직접 나서서 외국인 기술자를 스카우트해 오는 등 모직물 산업의 수입대체 공업화를 추진하였다.

특히 1721년에 영국 최초의 수상인 월폴(Robert Walpole)의 지휘 아래 본격적으로 국가 주도의 산업화가 시작되는데, 이때부터 19세기 중반까지 영국이 시행한 산업 및 무역 정책은 유치 산업에 대한 보호 관세 및 보조금 지급, 수출품 원재료에 관한 관세 환급, 수출 보조금 지급 등 20세기 후반 일본이나 한국이 쓴 정책과 매우 유사하였다.

이후 18세기에 영국은 산업혁명을 일으켜 세계 최고의 공업국으로 부상했다. 하지만 정작 영국이 관세를 완전히 철폐하고 자유 무역을 시작한 것은 자국의 경제적 우위가 공고해진 19세기 중반 — 더 정확히 말하면 1860년대 — 이 되어서였다. 이때부터 영국은 세계를 돌아다니며 자유 무역과 자유방임의 미덕을 설교하기 시작했던 것이다.

영국이 자신들은 관세와 보조금을 통해 공업을 발전시켜 놓고 다른 나라들에게는 자유 무역을 권고하는 모습은 영국의 과거를 아는 당시의 '후진국' 미국이나 독일의 입장에서는 기가 찰 일이었다. 19세기 유명한 독일의 경제학자 리스트(Friedrich List)가 자신의 명저 『정치경제학의 국민적 체계』(*The National System of Political Economy*)에서 영국이 후진국들에게 자유 무역을 권하며 다니는 것은 자신은 사다리를 타고 올라가 놓고는 정작 뒷사람은 사다리를 타고 올라오지 못하도록 사다리를 걷어차 버리는 것(kicking away the ladder)과 같다고 혹독히 비판한 것도 바로 그 때문이었다.

그런데 여기서 한 가지 유의해야 할 사실은, 우리는 흔히 리스트를 유치 산업 보호론 — 후진국이 새 산업을 발전시키기 위해서는 보호 관세와 보조금 등의 정부 지원이 필요하다는 이론 — 의 아버지로 알고 있지만, 이 이론의 원산지는 미국이고, 리스트는 1820년대 미국에 정치 망명하고 있던 시절에 이 이론을 처음 접했다는 점이다.

미국, 산업 보호를 위해 130년 동안 세계 최고 관세 유지

유치 산업 보호를 처음 본격적으로 시행한 것은 영국이지만, 그것을 처음으로 이론화한 것은 오늘날까지도 미국 건국의 아버지 중 한 사람으로 추앙 받으며 10달러짜리 지폐를 장식하고 있는 미국 초대 재무장관 해밀턴(Alexander Hamilton)이었다.

해밀턴은 1791년 의회에 제출한 보고서에서 미국이 유럽 선진국의 경쟁을 물리치고 산업화를 하기 위해서는 관세와 보조금을 통해 유치 산업을 보호, 발전시켜야 한다고 주장하였는데, 이는 '경제학의 아버지' 스미스(Adam Smith)의 『국부론』을 비롯하여, 당시 경제학계에서 정설로 여겨지던 "미국은 농업에 특화해야 한다."는 주장에 정면으로 도전장을 내미는 행위였다.

그 같은 해밀턴의 이론은 농산물을 자유롭게 수출하고, 값싸고 질 좋은 영국의 공산품을 마음대로 수입하고 싶어 했던, 자유 무역 체제를 선호하던 남부 지주들의 저항을 받아 그의 생전에는 실행에 옮겨지지 못하다가 1816년 영·미 전쟁 종식 후 실행에 옮겨지게 되었다. 이후 그의 이론은 미국이 세계 최고의 제조업 국가로서 지위를 완전히 굳힌 1945년까지 130여 년간 미국 경제 정책의 기조를 이루었다.

이 기간 동안 미국은 35~55%에 달하는 세계 최고율의 제조업 관세를 유지하며 자국 산업을 발전시켰는데, 특히 1870년대 증기선이 일반화되기 전까지만 해도 미국 산업은 대서양이라는 자연적 보호 장치의 덕을 톡톡히 보고 있었음을 감안하면, 스위스 경제사가 베어록(Paul Bairoch)이 미국을 "현대 보호 무역주의의 본산이요, 철옹성(mother country and bastion of modern protectionism)"이라 한 것은 결코 과장이 아니었다.

또한 미국은 20세기 중반까지 자본 수입국으로서, 외국인 투자를 엄격히 규제하였다. 해운업에 대한 외국인 투자는 아예 금지되어 있었으며, 농지 · 채광권 · 벌목권에 대한 외국인 투자도 엄격히 규제되었다. 은행의 경우에는 외국인의 경우 이사가 될 수 없었고, 국책 은행의 경우에는 외국인 주주의 투표권 행사마저 금지되어 있을 정도였으며, 19세기 말 새로운 세계적 금융 중심지로 떠오르던 뉴욕 주의 경우에는 은행업이라는 '유치 산업 보호'를 위해 1886년 외국 은행의 업무를 제약하는 법을 도입하는가 하면, 1914년에는 아예 외국 은행의 지점 설치를 금지하기까지 하였다.

하지만 이런 미국도 자신들이 욕하던 영국과 마찬가지로 제2차 세계대전 이후 자국의 산업이 세계 최고의 위치에 이르자 자유 무역과 외국인 투자 자유화를 옹호하기 시작한다.

이런 식의 '어두운 과거'는 영국과 미국만이 가지고 있는 것이 아니다. 스위스 · 네덜란드 정도를 제외하고는 현재의 모든 선진국이 유치 산업 보호를 통해 산업화를 이루었음에도 불구하고 오늘날에는 자유 무역을 옹호하고 있다.

또 스위스의 경우 1907년까지 특허법의 도입을 거부하면서 독일의 화학 · 제약 기술을 '훔쳤음에도' 오늘날 스위스의 제약 회사들은 특허 수호에 다른 누구보다도 앞장선다. 마찬가지로 일본은 1980년대까지 우리나라보다도 더 심하게 외국인 투자를 규제했지만, 요즈음은 세계무역기구(WTO)에서 자국이 과거에 사용했던 규제의 대부분을 불법화하는 다자 간 투자 협정 체결을 다른 누구보다도 목청 높여 외치고 있다.

새로운 세계 경제 질서 수립을 위해 나서야 할 때

우리나라도 거기서 예외는 아니다. 산업화 초기에는 다른 누구 못지않게 자국 산업을 보호하고, 외국인 투자를 규제하며, 지적재산권을 무시하였음에도 불구하고, 이제 우리 산업에 수출 경쟁력이 생기고, 우리 기업들의 해외 투자가 시작되고, 우리가 출원한 특허 건수가 늘어나자 '안면 몰수' 하고 선진국과 같이 후진국들에게 시장 개방 압력을 넣고 있다. 군대에서 고참들에게 쥐어 터지던 신병이 자신이 고참이 되자 자기 밑의 신병들을 구타하기 시작하는 것과 그리 크게 다를 바가 없는 셈이다.

영국·미국·스위스 등 현재의 선진국들은 자신들이 보호 무역, 외국인 투자 규제, 지적재산권 무시 등 '나쁜 짓' 을 한 지가 워낙 오래되어 자기 조상들이 무엇을 했는지를 망각했다는 핑계라도 있다. 그러나 불과 10~20여 년 전만 해도 후진국의 입장에서 선진국의 개방 압력을 피하기 위해 온갖 수단을 다 동원하면서 자국 산업을 발전시키려 안간힘을 썼던 기억이 아직도 생생한 우리 입장에서는 이러한 변명도 통하지 않는다. 다만 그 뻔뻔스러움이 부끄러울 뿐이다.

군대에서도 구타의 사슬을 끊으려면 한 기수가 희생을 하여 맞기만 하고 후배들을 때리지 않아야 한다고 한다. 일본이나 대만, 우리나라와 같이 보호 무역과 외국인 투자 규제를 통해 경제 발전을 이룩한 기억이 아직 완전히 사라지지 않은 나라들이 지금이라도 나서서 기존 선진국들의 '사다리 걷어차기'의 부당성을 지적하고 후진국의 발전을 진정으로 돕는 새로운 세계 경제 질서의 수립을 앞장서서 추진하지 않으면 이러한 '국제 구타'의 사슬은 끊어지지 않을 것이다.

하지만 일본은 결연한 행동을 하기에는 너무 잃을 것이 많아졌고, 대만은 국제 정치 무대에서 거의 완전히 소외되어 있다. 따라서 지금 상황에서 이러한 역사적인 '국제 구타'의 사슬을 끊을 수 있는 것은 우리나라밖에 없다. 이제 우리가 끊어야 한다.

『오마이뉴스』 2003년 8월 19일

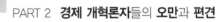

PART 2 **경제 개혁론자들의 오만과 편견**

정치 논리의 개입도 필요하다

19세기 말 유럽에서 아동 노동을 금지하려 하자, 일하고자 하는
어린이들과 인력이 필요한 고용주들 간의 자유로운 계약을 막는 것은
반(反)시장적 행위라며 많은 사람들이 반대했다.
그러나 오늘날에는 어떻게 되었는가?

1997년 외환 위기 이후 구조 조정 과정에서 우리 정부가 적극 개입하는 것과 관련하여 많은 사람들이 — 특히 외국 투자자와 외국 언론기관들이 — 우리나라의 경제 정책 수립과 집행에 있어서 '정치 논리'가 '시장 논리'를 앞서는 것은 문제라고 지적하고 있다.

이들은 경제 운용 과정에서 정치 논리는 철저히 배제되어야 하며, 이를 위해서는 규제 완화와 개방을 통해 시장 영역을 확대함으로써 정치인과 관료들이 개입할 수 있는 영역을 최소화해야 한다고 주장한다.

1960년대 이후 1980년대 말까지 정부 주도의 경제 발전 전략을 추구하면서 그 부작용을 경험했던 우리나라 입장에서는 참으로 매력

적인 주장이 아닐 수 없다.

하지만 과연 시장 논리와 정치 논리가 항상 명확하게 구분할 수 있는 것인가?

또한 경제 운용에 있어서 정치 논리를 완전히 배제하는 것이 항상 옳은 일인가? 나는 그렇지 않다고 생각한다. 그 이유를 몇 가지 예를 들어 설명해 보자.

19세기 말 영국을 비롯한 유럽 각국의 정부가 당시 탄광 및 방직 공장 등에서 성행하던 아동 노동을 금지하려 하자 많은 사람들이 그에 반대했다. 일하고 싶어 하는 어린이들과 그들을 고용하고자 하는 고용주들 간의 자유로운 계약을 정부가 막는 것은 반(反)시장적인 행위라는 명분을 걸고서였다.

그러나 오늘날에는 어떻게 되었는가? 이들 나라에서 정부가 아동 고용을 이유로 고용주를 처벌한다고 해서 정치 논리가 시장 논리를 앞섰다고 생각하는 사람은 없다. 사회 정의의 개념과 고용 관행이 그 사이에 완전히 바뀌어 이제 국민들이 더 이상 어린이들을 노동 시장의 정당한 참여자로 보지 않기 때문이다.

이렇듯 시대의 변화와 사회 여건, 그리고 사고방식의 변화에 따라 시장 논리와 정치 논리 간의 경계선이 바뀌었던 예는 그 외에도 무수히 많다.

지금은 누구나 당연시하지만, 중앙은행 제도와 기업의 유한책임 제도 등이 19세기 후반에 처음 도입되었을 때에는 많은 사람들이 은행이나 기업가의 '도덕적 해이'(Moral Hazard)를 가져오는 만큼 시장 논리를 해친다며 반대하였다.

또 이후 도입된 독과점 규제, 금융 시장 규제, 재정 적자를 통한 경기 부양, 공공근로 사업, 누진세 제도를 통한 소득 재분배 등의 정책들도 처음에는 시장 논리에 역행하는 것으로 비난 받았다. 그러나 이러한 정책들은 이제 자유방임주의의 귀감으로 여겨지는 미국 정부도 일상적으로 집행하는 정책들이 되었다.

우리 정부가 과거 많이 사용하였던 산업 정책도 정치 논리에 기초해 있다며 시장 논리를 거스르는 것으로 보는 사람들이 많다. 하지만 저명한 경제학자인 스티글리츠(Joseph Stigliz) 세계은행 부총재 등은 이러한 정책이 잘만 집행되면 시장의 결점을 보완하는 친(親)시장적인 것이 될 수 있다고 말한다.

이와 같은 다양한 사례에서 볼 수 있듯이 시장 논리와 정치 논리의 경계는 흔히 생각하듯 절대적인 것이 아니다. 시장 여건에 따라 혹은 시장을 보는 시각에 따라 달라질 수 있는 것이다.

그렇게 되면 결국 어느 시대, 어느 사회에서나 통하는 절대적인 시장 논리가 존재하지 않게 되는데, 그 경우 특정한 사회에 있어 시장 논리와 정치 논리를 구분하는 구체적인 경계선은 어떻게 그어져야 하는가?

그것은 궁극적으로 그 사회 구성원 간의 정치적인 합의에 기초할 수밖에 없다. 그러니까 시장 논리가 낳은 어떤 결과를 놓고 민주적 의사의 취합 과정을 통해 사회의 구성원들에 의해 그것이 만족스럽지 못한 것으로 결론이 내려지면, 그 결과는 정치 논리에 의해 수정

될 수 있고 또 수정되어야 하는 것이다.

　시장이라는 것은 사회복지를 고양(高揚)하기 위한 하나의 수단일 뿐이지, 그 자체가 목표가 될 수는 없기 때문이다.

『조선일보』 1999년 9월 29일

정부 주도 경제는 '절대악' 인가?

싱가포르나 오스트리아는 개입주의적인 정부를 가졌으면서도
부정부패가 적기로 이름 나 있으며, 2차 대전 이후 정부 주도형 경제를
이끌어 온 프랑스나 일본이 반(反)민주적 정권에 의해
운영되었던 것도 아니다.

최근 우리 사회 각계에서는 탈규제와 민영화 등을 통해 정부 역할을 축소해야 한다는 목소리가 높아지고 있다.

정부 역할의 축소를 주장하는 논자들은 첫째로, 지난 30여 년간에 걸친 강력한 정부 주도형 경제 발전 전략이 가격 체계 왜곡에 의한 자원 배분의 비효율성과 부정부패 그리고 심지어는 인권 침해 등 여러 가지 바람직하지 못한 결과를 낳았음을 지적한다.

이들은 또한 개입주의적 경제 정책은 경제가 단순하고 양적 성장이 중요한 경제 발전 초기에는 적당할지 몰라도 경제가 복잡해지고 질적 성장이 중요해지는 선진 사회에는 맞지 않는다고 주장하며 '작은 정부' 의 필요성을 강조한다.

결론부터 밝히자면 위에서 언급한 정부 역할 축소론자들의 여러 가지 주장들이 일리가 있기는 하나, 정부 역할을 축소하는 것만이 능사는 아니며, 현 단계에서 우리 사회에 필요한 것은 정부 역할의 축소가 아닌 재정립이다.

정부 역할 축소론자들의 주장대로 지난 30여 년간 우리나라에서 일부 개입주의적 정책에 의해 여러 가지 비효율성이 야기된 것은 사실이다. 그러나 이와 동시에 다른 많은 경우 정부 개입이 소위 '시장의 실패'를 교정해 우리 경제의 효율성을 향상시켰다는 사실도 지적되어야 한다.

다수의 정부 역할 축소론자들이 지적하는 대로 과거 우리나라에 있어서 정부 개입은 인권 침해나 부정부패 등 '정치적' 문제와 얽혀 있었던 것은 부정할 수 없고, 그 결과 정부 개입의 경제적 효과에 대해 긍정적 견해를 가지고 있는 사람들마저도 개입주의 정책의 정치적 해악에 대한 두려움 때문에 정부 역할의 축소를 지지하는 것을 우리는 종종 목격한다.

그러나 개입주의 정책이 부정부패나 인권 침해 등의 결과를 필연적으로 수반하는 것은 아니다. 싱가포르나 오스트리아 같은 나라는 개입주의적인 정부를 가졌으면서도 부정부패가 적기로 이름이 나 있으며, 제2차 세계대전 이후 우리나라와 유사한 정부 주도형 경제를 이끌어 온 프랑스나 일본이 인권 침해를 자행하는 반(反)민주적 정권에 의해 운영되었던 것도 아니다.

이제 우리도 사회가 선진화되면서 시민 의식이 상당히 고양되었고, 그에 따라 정부의 전횡에 대항할 수 있는 시민 사회도 어느 정도 형성된 만큼 개입주의적이면서 동시에 민주적이고 부패하지 않은 정부를 갖는 것은 충분히 가능한 일이다.

정부 역할 축소론자들이 주장하는 대로 경제가 복잡해지면서 정부 개입이 과거와 같이 기업의 일거수일투족을 감시하는 형태로 지속될 수는 없다. 그러나 이것이 과연 경제 발전에 따라 정부의 역할 자체가 축소되어야 한다는 것을 의미하는가.

경제가 발전하면서 민간 부문 능력이 향상되고, 시장 제도를 비롯한 각종 경제 제도가 성숙되면서 기존에 정부가 깊숙이 개입하던 여러 영역에서 점차 정부 개입이 불필요해지는 것은 당연하다. 그러나 그와 동시에 경제의 선진화에 따른 첨단 산업의 진흥과 사양 산업의 정리, 기술혁신 능력의 향상 및 노동력의 질적 향상, 사회간접자본의 고급화와 사회복지의 확대, 공공 소비의 확산, 소비자 권익의 향상, 노사 관계의 선진화 및 환경 문제의 개선 등 이전에 불필요했거나 중요하지 않았던 새로운 개입 영역들이 등장한다는 것을 잊어서는 안 된다.

기존 선진국의 역사적인 경험을 보더라도 경제 발전에 따라 정부 개입이 줄기보다는 늘어나는 것이 일반적인 추세이며, 미국이나 영국 등 자유방임 이론을 신봉해 정부가 적재적소에 개입하지 않던 나라들이 그렇지 않았던 일본이나 독일, 프랑스 같은 나라에 비하여 여러 면에서 뒤떨어지고 있다는 사실은 우리가 명심해야 할 중요한 교훈이다. 그러니까 경제가 발전하면서 정부 개입이 필요한 영역이 바뀌어야 하는 것은 사실이지만, 이것이 절대적으로 정부가 개입하는 양이 줄어들어야 함을 의미하지는 않는 것이다.

물론 문제는 현재 한국의 상황에서 정부가 개입을 축소해야 할 영역은 어디이고, 개입을 확대해야 할 영역은 어디인가에 대해 주어진 답이 존재하지 않는다는 것이다. 그 대답을 얻기 위해서는 복잡하고 때로는 지루하기까지 한 논의가 필요할 것이며, 바로 그 점 때문에 '탈규제와 민영화'라는 명쾌한 해답을 주는 정부 역할 축소론에 비해 정부 역할 재정립론이 국민들의 관심을 사로잡기에 불리한 위치에 있는 것도 부인할 수 없는 사실이다.

그러나 우리 사회의 진정한 선진화를 위해서는 정부 역할 축소보다는 정부 역할 재정립에 대한 심도 있는 논의가 시급하다고 생각한다.

『매일경제』 1996년 4월 16일

반산업 정책론자들의 오만과 편견

일부 극단론자들을 제외한다면 산업 정책을 반대하는
사람들조차도 1980년대 초반 정도까지는 우리나라의
산업 정책이 문제점보다는 공헌이 더 컸다는
사실을 거의 대부분 인정한다.

1960년대 이후 우리나라의 경제 성장은 정부의 적극적인 산업 정책이 결정적인 역할을 하였다. 물론 그 과정에서 항상 성공을 거두었던 것도 아니고, 부작용이 없었던 것도 아니다. 하지만 전반적으로 보면 세계에서 가장 성공적인 산업 정책 중 하나였다고 해도 과언이 아니다.

그러나 1980년대 초부터 정부 개입을 반대하는 목소리가 커지기 시작하면서 산업 정책의 정당성이 점차 힘을 잃기 시작하였고, 1980년대 말 이후에는 미국의 통상 압력까지 거세지면서 우리나라 산업 정책은 쇠락의 길을 걷기 시작했다. 김영삼 정부 출범 이후에는 삼성의 자동차 산업 진입 허용으로 상징되듯 대규모 산업의 설비 투자 조정 등 최소한의 규제마저도 철폐되면서 산업 정책이 유명무실화되는 양상이 벌어졌다. 또 김대중 정부 하에서는 통상·교섭 관련 업무가 통상산업부에서 분리되면서 산업 정책 자체가 더욱 약화되었다.

일부 극단론자들을 제외한다면, 산업 정책을 반대하는 사람들조차도 1980년대 초반 정도까지는 우리나라의 산업 정책이 문제점보다는 공헌이 더 많았다는 것을 거의 대부분 인정한다. 그러나 이들은 이제 우리나라가 처한 경제적·정치적 상황이 달라졌기 때문에 산업 정책은 바람직하지도, 가능하지도 않다고 주장한다.

반(反)산업 정책론자들에 따르면 첫째로, 우리나라가 후진국이었을 때는 경제가 단순했기 때문에 중앙 집권적 산업 정책이 가능했지만, 이제는 경제 구조가 복잡해져 그것이 불가능해졌다고 한다. 둘째로, 독재 정권 하에서는 중앙 집권적 산업 정책이 가능했지만 민주화가 된 시대에 이러한 정책은 가능하지도, 바람직하지도 않다는 것이 이들의 주장이다. 과연 그런가.

1960년대나 1970년대에 비해 우리 경제 구조가 복잡해진 것은 사실이지만, 아직도 산업 정책이 불가능할 정도는 아니다. 만일 이것이 사실이라면 우리보다 경제적으로 30~40년 앞선 일본이 어떻게 1980년대까지도 산업 정책을 성공적으로 운영하였는지를 설명할 수 없다.

민주화와 산업 정책이 상충된다는 주장도 근거가 희박하다. 일본, 프랑스, 핀란드, 오스트리아 같은 다수의 민주 국가들이 최소한 1980년대 초까지 우리나라와 유사한 강력한 산업 정책으로 많은 경제적 성과를 거두었던 것이 그 좋은 예라 할 수 있다. 비록 과거 우리나라 산업 정책의 수립·집행 방식이 권위주의적이기는 했지만, 이 나라들의 예에서 볼 수 있듯이 민주적이고 투명한 방법으로도 산업 정책을 수립·집행하는 것이 얼마든지 가능한 것이다.

우리나라가 후진국을 벗어나면서, 그리고 민주화되면서 새로운 형태의 산업 정책과 새로운 수립·집행 방식이 필요했던 것은 사실이다. 그러나 이것이 산업 정책의 폐기라는 방향으로 흘러간 것은 옳지 않았다. 위에서 지적한 바와 같이 경제의 성숙과 정치의 민주화라는 맥락 속에서도 변형된 형태로 산업 정책을 지속하는 것은 필요하고 또 가능하기 때문이다.

우리에게 아직도 산업 정책이 필요하다는 것은 최근의 외환 위기와 그 수습 과정에서도 명백히 드러났다. 정부가 자동차·반도체 등 대규모 장치 산업의 설비 투자 조정을 하지 않았기 때문에 이들 산업에서의 과잉 설비가 문제되었고, 소수 산업에 과잉 투자로 인하여 경제 구조가 다변화되지 못했기 때문에 몇몇 산업에 문제가 생기면 국민 경제 자체가 흔들리는 상황을 맞이하게 되었다. 또한 기술 개발 정책이 미흡하였기에 신제품 개발이 늦었고, 그에 따라 일본에 대한 자본재나 부품 수입 의존도가 늘어나게 되는가 하면, 일부 시장에서는 말레이시아 등 후발 신흥 공업국들에까지 위협을 받아 수출이 부진하게 되었는데, 이 모든 것이 외환 위기를 불러오는 데 한몫을 하였던 것이다.

김대중 정부는 표면적으로는 산업 정책 폐기를 공식 노선으로 내세우고 있지만, 부실기업 정리와 '빅딜' 등을 통해 자의반 타의반으로 산업 재조직에 개입하고 있는 것이 사실이다. 그러나 공식 노선이 산업 정책의 폐기이기에 정부의 산업 재조직 개입은 장기적 방향성이 불명확하게 될 수밖에 없고, 그에 따라 상황 논리에 너무 좌우되는 경향을 보인다.

산업 정책이 아직도 필요한 정책이고, 또 현 정부가 산업 재조직에 개입하고 있다면, 차라리 산업 정책을 본격적으로 재가동시키면서, 그것을 성숙한 경제 여건과 민주적 정치 체계에 맞게 운영할 수 있게 해 주는 의사 결정 기구와 정책 수단을 개발하는 것이 바람직한 일일 것이다.

『문화일보』 1999년 8월 24일

'조로(早老) 경제'에도 처방은 있다

일본이 현재 우리나라 수준이던 당시의 투자율이 국민소득의
30~35%였다는 사실에 비춰 보면 우리나라의 투자 급감은 경제
성숙에 따른 자연스러운 현상이라기보다 무엇인가 잘못돼
일어난 조로(早老) 현상으로 봐야 한다.

은행 예금 이자율이 사상 최저 수준인 4% 이하로 떨어지면서 물가 상승률과 이자 소득세를 감안하면 실질 이자 소득이 마이너스가 되는 초저금리 시대가 열렸다고 한다.

그러나 명목 금리가 사상 최저라는 것이 실질 금리도 사상 최저임을 의미하지는 않는다. 1960년대나 1970년대에는 명목 금리는 높았지만 인플레가 심했던 관계로 실질 예금 금리는 마이너스인 경우가 많았기 때문이다. 또 인플레가 비교적 높았던 1980년대 말에서 1990년대 초 사이에도 실질 금리가 지금과 유사한 수준인 1~2% 선까지 떨어진 적이 있었다.

따라서 '사상 초유의 초저금리'라고 하는 것은 지나친 얘기라 하

더라도, 현재의 저금리 현상이 간과할 수 없는 문제인 것은 사실이다. 지금의 초저금리는 투자의 급락으로 자금 수요가 급감하면서 생긴 현상인데, 우려되는 것은 이런 현상이 기업들이 사상 최고의 이윤을 내고, 사상 최대 규모의 현금을 보유한 상황에서 벌어지고 있다는 것이다.

2002년 제조업체들의 경상 이익률은 4.7%에 이르러 1988~1997년 평균인 2.1%의 두 배가 넘었고, 현금 예금은 46조 6,000억 원으로 1991~1997년 평균인 20조 5,000억 원의 2.3배나 되었다. 일견 유사 이래 최대의 '건전 경영'이다.

그러나 제조업 설비 투자액은 외환 위기를 기점으로 과거의 3분의 2 수준으로 떨어졌다. 1991~1997년 연평균 설비 투자액은 31조 5,000억 원이었으나 1998~2002년에는 연평균 20조 6,000억 원에 불과했던 것이다. 그런데다 2002년도의 설비 투자액은 20조 7,000억 원으로 1991년도의 22조 9,000억 원보다도 낮다. 이 기간 동안 국민총생산이 명목 금액 기준으로 2.7배나 늘었음을 감안하면 2002년도의 설비 투자액은 사실상 1991년도의 3분의 1 수준이라고 할 수 있는 셈이다.

일부에서는 이렇듯 투자가 줄어든 것이 우리 경제가 성숙하면서 투자 기회가 줄었기 때문에 생긴 불가피한 현상이라고 한다. 그러나 우리 경제의 국민소득 대비 투자율은 1990~1997년 평균 37.1%에서 1998~2002년에는 평균 25.9%로 떨어졌다. 경제가 아무리 성숙해졌다고 해도 투자 기회가 하루아침에 3분의 2로 줄어든다는 것은 있을 수 없는 일이다. 또 일본이 현재 우리나라 정도의 발전 수준이던 1960년대 말 내지 1970년대 초의 투자율이 국민소득의 30~35%였다는 사실에 비춰 보면 우리나라의 투자 급감은 경제의 성숙에 따른 자연스러운 현상이라기보다는 무엇인가 잘못돼 일어난 조로(早老) 현상이라고 봐야 한다.

그렇다면 왜 이러한 조로 현상이 일어났는가. 한마디로 외환 위기 이후 추진된 신자유주의적 구조 개혁 때문이다. 자본 시장이 완전 개방되면서 고배당과 안전 위주의 경영을 바라는 외국인 주주의 비중이 늘어났고, 이는 결과적으로 기업의 적극적 투자를 어렵게 만들었다. 또 적대적 인수 합병의 자유화로 인해 기업에게는 경영권 보호가 심각한 문제로 다가 왔고, 그에 따라 과거 같으면 투자에 썼을 자금도 현금으로 보유해 '유사시'에 대비하게끔 되었다. 제조업체의 현금 예금이 사상 최대치라는 것이 그 증거라 할 수 있을 것이다.

그와 함께 금융 자유화로 인해 은행이 기업 금융을 기피하고 상대적으로 안전한 소비자 금융에 치중하게 되면서 차입을 통한 기업 투자 자금의 조달이 어려워졌다. 게다가 기업 부채를 무조건 죄악시하게 되면서 부채 비율이 높은 기업에 여러 가지 불이익을 가하는 방향으로 정책이 추진되기 시작했고, 그에 따라 기업들이 차입을 극도로 꺼리게 되면서 과감한 투자도 어려워졌다.

외환 위기 이후 구조 개혁 과정에서 도입된 여러 가지 정책과 제도들을 고치기 전에는 우리 경제의 조로증은 쉽게 치유되기 어렵다는 이야기도 이런 상황 때문에 나오는 것이다.

　물론 고쳐야 할 정책과 제도 중에는 자본 시장 개방과 같이 강대국의 압력 때문에라도 일방적으로 되돌리기 어려운 것들도 많다. 그러나 국내적인 합의만 형성되면 할 수 있는 일도 적지 않다. 기업 금융을 장려하는 방향으로 금융 규제 정책을 수정하고, 부채 비율이 높다는 사실만으로 기업에 불이익을 주는 법규들을 폐지하며, 국민연기금을 사용해 '국민 지분'을 만들어 국민 경제에 중요한 기업의 경영권을 안정시켜 주는 것 등이 그러한 예이다.

　하루빨리 이런 식으로 정책 방향이 수정되지 않으면 우리 경제의 조로증은 더욱 악화되고, 우리 경제의 미래는 더욱 어두워질 수밖에 없다.

『동아일보』 2003년 10월 15일

경미한 인플레는 성장을 촉진한다

비교적 경미한 인플레의 경우 경제 성장에 해롭다는 주장은
이론적으로나 실증 연구에 있어서나 근거가 희박하다.
아니, 경미한 인플레는 실질 이자율을 하락시켜 오히려 투자와
성장을 촉진한다고 믿는 경제학자도 많다.

올해(1999년도)에 우리 경제가 9% 가량 성장할 것이며, 내년에도 5~6% 성장할 것이라는 예측이 지배적이 되자 일부에서는 경기 회복의 가속이 가져올 인플레를 방지하기 위해 금리 인상을 비롯한 '선제적' 긴축 정책을 쓸 필요가 있다는 견해를 표명하고 있다.

물가 안정의 중요성을 주장하는 사람들은 대개 두 가지의 이유를 든다. 그 하나는 물가 불안이 투자 활동을 위축시켜 경제 성장을 저하시킨다는 것이고, 다른 하나는 물가 상승이 봉급생활자나 연금 생활자 등 상대적으로 빈곤한 '고정 소득자'들의 실질 소득을 감소시키는 소득 역진적 경제 현상이라는 것이다.

하지만 물가 상승이 경제 성장에 해롭다는 주장은 제1차 세계대

전 후의 독일이나 1980년대의 남미와 같이 수백 또는 수천 퍼센트에 이르는 초고율의 인플레 하에서나 합리적인 주장이다. 이런 상황에서는 합리적인 투자 결정이 불가능해지고 해외로 자본을 도피하고자 하는 유혹이 생기게 되므로 투자가 위축되고 경제 성장이 둔화되기 때문이다.

그러나 비교적 경미한 인플레의 경우 그것이 경제 성장에 해롭다는 주장은 이론적으로나 실증 연구에 있어서나 근거가 희박하다. 아니, 경미한 인플레는 실질 이자율을 하락시켜 오히려 투자와 성장을 촉진한다고 믿는 경제학자도 많다.

하버드 대학의 배로(Robert Barro) 교수는 1996년에 20% 이하의 인플레는 성장을 해친다는 증거가 없다고 주장한 바 있으며, IMF의 한 보고서는 인플레가 경제 성장에 해를 끼치게 되는 위험 수위를 8%로 추정하기도 하였다. 또 세계은행 수석 이코노미스트를 역임했던 이스라엘 헤브루 대학의 브루노(Michael Bruno) 교수도 1995년에 물가 상승률이 40% 미만인 경우에는 인플레가 경제 성장을 해친다는 증거가 없다는 연구 결과를 발표한 적이 있다.

그런 입장에서 보자면 1%도 채 안 되는 미미한 인플레를 겪고 있는 우리나라 입장에서 지금 긴축 정책을 시작해야 한다는 주장은 옳지 않다. 이들이 우려하는 미래의 인플레라는 것도 3~4% 정도로 '위험 수위'에 훨씬 못 미치는 것이다.

반면 현재 대규모 경제 위기에서 막 벗어난 관계로 아직 투자 심리가 위축되어 있고, 부실 금융 기관의 정리가 끝나지 않은 우리나라와 같은 상황에서 긴축 정책, 특히 이자율 인상책을 쓰는 것은 다시 경제 침체를 가져올 가능성이 많은 위험한 정책이다.

물가 안정은 봉급생활자나 연금 생활자 등 상대적으로 빈곤한 '고정 소득자' 들을 보호하기 때문에 사회 정의 측면에서도 바람직한 정책 목표라는 물가 안정 지상주의자들의 주장도 다시금 살펴볼 필요가 있다. '고정 소득자들' 의 대부분은 봉급생활자들인데, 물가 상승률이 낮으면 이들의 구매력은 조금 높아질지 모르지만, 물가를 잡기 위해 정부가 지나친 긴축 정책을 추구하여 실업이 늘면 바로 이들이 그 부담을 져야 한다.

그런데 아직도 실업률이 높고 불안정한 고용 상태에 있는 우리나라 근로자들의 경우에는 물가 상승률이 1∼2% 낮아졌을 때 생기는 이득보다는 경기 냉각에 의한 실업 증가나 고용 불안정의 강화로 말미암은 피해가 더 클 것이다. 결국 물가 안정으로 가장 큰 득을 보는 것은 상대적으로 부유한 금리 생활자들뿐이라 할 수 있다.

1997년의 외환 위기 이후 우리 경제의 회복이 예상외로 빨랐던 것은 IMF가 지나친 긴축 정책을 요구하여 위기가 불필요하게 깊어졌던 것에 대한 반작용의 측면이 크므로, 우리는 경기 부양에 박차를 늦추어서는 안 된다. 우리에게 지금 필요한 것은 1997∼1998년에 붕괴되었던 투자 심리를 회복시켜 생산과 고용을 증가시키는 것이기 때문이다.

특히 이제 막 소비 주도에서 투자 주도로 돌아서는 경제 회복의 시점에서 긴축 정책을 쓴다면 투자 심리가 위축되고 경제 회복의 속도가 늦어질 것이 뻔하다. 건실한 투자 주도의 성장을 통해 장기적 회복을 이룰 수 있는가 아닌가의 기로에 서 있는 우리 입장에서 걱정할 정도로 높지도 않은 물가 상승률을 조금 낮추고자 긴축 정책을 쓰는 것은 교각살우(矯角殺牛)의 우를 범하는 것임은 재삼 강조해도 지나치지 않다.

『조선일보』 1999년 12월 20일

탈(脫)산업화가 경제 선진화인가?

한국에서도 전망 없는 제조업을 버리고 서비스업을
육성해야 한다는 견해가 거세다. 그러나 우리가 여기서 잊지
말아야 할 사실은 지난 20여 년간 여러 선진국에서 벌어진
논쟁을 통해 드러난 '제조업 종말론'의 약점이다.

1970년대 중반 이후 구미 선진 국가들은 주요 산업의 연쇄적 몰
락을 경험했는데, 그에 대해 다수의 논자들은 그와 같은 탈산업화
(deindustrialization) 현상에 대해 깊은 우려를 표명했다. 하지만 일부
논자들은 그런 현상이 경제 선진화에 따른 불가피하고 긍정적인 현
상이라고 주장했는데, 그 근거는 소득이 향상하여 어느 지점에 이르
게 되면 제조업 제품에 대한 수요는 성장을 멈추게 되고, 대신 서비
스에 대한 수요가 늘어나게 되면서 제조업의 중요성이 점차 줄어들
게 된다는 것이다.

이 같은 '제조업의 종말'의 명제는 1990년대에 들어 첨단 지식에
기초한 서비스 산업이 상대적으로 확장세를 보이면서 더욱 인기를

얻게 되었고, 최근 들어서는 한국에서도 빨리 전망 없는 제조업을 버리고 서비스업을 육성해야 한다는 견해가 거세지고 있다. 그러나 우리가 여기서 한 가지 잊지 말아야 할 사실은 지난 20여 년간 여러 선진 국가에서 벌어진 논쟁을 통해 드러난 '제조업 종말론'의 여러 가지 약점이다.

첫째로, 탈산업 사회 이론가들이 주장하는 것과는 달리 제조업 제품에 대한 실제 수요는 고소득 사회가 되어도 감소하지 않는다. 미국 프린스턴 대학의 보몰(William Baumol) 교수나 영국 케임브리지 대학의 로손(Robert Rowthorn) 교수 등이 지적한 바와 같이 이러한 착각을 하게 되는 것은, 제조업 생산성이 서비스업 생산성보다 빠른 속도로 증가하는 관계로 제조업 제품의 상대 가격이 떨어지기 때문이지, 제조업 제품의 실제 소비량이 줄어들기 때문은 아닌 것이다.

둘째로, 최근 선진국에서 서비스업의 비중이 늘어난 데에는 구조 조정(restructuring)이나 업무 프로세스 혁신(reengineering), 업무 외주화(outsourcing)와 같은 기업 재조직의 결과 발생한 통계적 환상도 한 몫을 하였다는 점이 지적되고 있다. 많은 제조업체들이 자신들이 직접 운영하던 사내(社內) 서비스들 — 예컨대 판매나 경영 컨설팅, 종업원 복지와 관련된 업무 등 — 을 별도 회사로 분리·독립시키거나 외부 업체에 발주하게 되면서 종전까지만 해도 통계상으로 제조업의 일부로 구분되던 경제 활동들이 서비스업으로 분류되었기 때문이다.

셋째로, 서비스업은 제품의 성질상 국제 교역이 어렵기 때문에 국제 수지 문제를 일으킬 수 있다는 점을 지적할 수 있다. 1980년대 제조업의 몰락을 방치한 영국이 금융업 등 서비스 산업의 강세에도 불구하고 거듭되는 국제 수지 난을 겪으면서 지속적인 성장에 어려움을 겪고 있다는 사실도 이러한 주장을 뒷받침하는 한 증거라 할 수 있다. 그와 관련 최근 영국 블레어 총리가 유럽연합(EU) 회의에서 영국 경제의 '탈산업화 성공 사례'를 자랑하다가 다른 회원국 정치인들로부터 유럽 평균 소득에도 채 못 미치는 나라에서 더 잘 사는 나라에게 주제넘게 훈계를 한다고 핀잔을 들은 것은 주목할 만한 일이다.

넷째로, '제조업 종말론'의 비판자들은 많은 수의 고부가가치 서비스업이 최종 소비자를 직접 상대하기보다는 제조업체에 생산자 서비스를 제공하는 데 그치고 있음을 지적한다. 금융업, 경영 및 기술 컨설팅, 첨단 소프트웨어 제공 등이 그 좋은 예라 할 수 있을 것이다.

결국 든든한 제조업 기반이 없는 상황에서 탈산업화가 일어나게 되면 서비스 부문이 창출할 수 있는 것은 저임금, 저부가가치 활동, 그러니까 소위 '맥도널드' 일자리뿐인 셈이다.

산업화가 고도로 진전되면서 제조업의 상대적인 생산성 향상에 따라 서비스 부문의 고용이 증가하게 되는 것은 필연적인 현상이며, 그에 따라 많은 사람들이 '공장'보다는 '사무실'이나 '점포'에서 일하게 된다는 의미에서 '탈산업화' 현상은 당연하다고 할 수 있다. 또한 최근 들어 첨단 지식을 기초로 한 서비스업의 중요성과 다양성이 증가하고 있는 것도 사실이다.

그러나 이것이 일부에서 주장하는 바와 같이 제조업의 중요성이 축소되고 있음을 의미하는 것은 아니다. 우리가 흔히 관광업이나 은행업 등 서비스업에 의존하여 세계 최고의 소득을 누리고 있는 것으로 알고 있는 스위스가 실상은 기계·화학·제약 등을 중심으로 영국의 3배에 가까운 1인당 제조업 생산량을 자랑하는 제조업 강국이라는 사실은, 건실한 제조업 기반의 중요성을 다시 한 번 생각하게 해준다.

『한국일보』 1999년 4월 22일

민영화만이 유일한 대안은 아니다

일부에서 생각하는 것처럼 민영화가 만병통치약은 아니다.
영국의 경우 대부분의 민영화가 별다른 긍정적인 효과를 거두지
못했다. 반면 노르웨이 · 대만 · 오스트리아 · 프랑스 등은
공기업 주도 경제 체제로 성공을 거두었다.

지난 1999년 10월 초 영국 런던의 패딩턴 역에서 열차 간 정면 충
돌로 수십 명이 목숨을 잃는 유례없는 사고가 벌어지면서 영국의 민
영화 정책의 공과(功過)에 대한 논란이 재연되고 있다.

패딩턴 역의 열차 충돌 사고는 기차의 자동제어장치와 신호등에
결함이 있는 상황에서 과로한 기관사의 실수까지 겹치면서 일어나게
되었다는 것이 지배적인 진단인데, 많은 사람들은 이 같은 문제가 패
딩턴 노선에만 국한된 것이 아니라 광범하게 퍼져 있으며, 이는 민영
화된 철도 회사들이 승객의 안전보다 이윤을 앞세워 설비 투자를 줄
이고 인건비 절감에 치중한 결과라고 주장한다.

이들은 또한 철도가 아직도 국유화되어 있는 유럽 다른 나라들에

비해 영국의 열차 사고율이 훨씬 높다는 사실을 지적하면서, 일단 민영화된 철도 산업을 다시 국영화하지는 못할지라도 정부가 나서서 철도 회사들에 대한 규제를 강화할 것을 요구하고 나섰고, 패딩턴 역 열차 사고 이후 쏟아지는 비판적 여론을 견디다 못한 철도 회사들은 결국 안전장치를 강화하기 위한 대규모 투자를 약속하기에 이르렀다.

1979년 집권 이후 1997년 총선 패배에 이르기까지 18년의 세월 동안 민영화는 영국 보수당 정부의 간판 정책이었다고 해도 과언이 아니다. 영국의 민영화는 그 초기에는 항공 서비스 · 자동차 · 철강 등 제조업과 일반 서비스업에서 시작되었지만 이후 전화 · 전기 · 수도 · 가스 · 철도 등 사회간접자본 부문으로 확대되었고, 항공 서비스 · 전화 등 일부 부문에서는 민영화의 결과 서비스의 질이 개선되면서도 비용은 절감되는 효과를 거둔 것으로 평가되고 있다.

하지만 일부 논자들은 이러한 기업 효율 개선의 주원인은 경쟁 체제의 도입이지 민영화 자체가 아니었다면서 민영화의 효과에 대해 의문을 제기하고 있다. 우리나라에서도 과거 민영화 없이 한국통신과 데이콤 간의 경쟁 체제 도입을 통하여 통신 산업 효율화에 획기적인 개선을 거두었던 사례에 비추어 볼 때 설득력 있는 분석이라 할 수 있다.

그런데 영국 민영화의 문제는 이처럼 경쟁 체제의 도입이 가능했던 몇몇 산업 분야를 제외하고는 별로 긍정적인 결과를 가져오지 못했다는 것이다. 수도 · 전기 · 가스 등의 경우 약간의 서비스 개선은 있었지만, 가격이 많이 올라 저소득층 고객들에게 타격을 주는 가운데, 임원진들의 봉급은 적게는 50%, 많게는 500%씩 올려 사회의 빈축을 사고 있다. 또 철도의 경우는 민영화된 업체들이 설비 투자를 소홀히 한 탓에 잦은 철도 차량 및 선로 고장으로 운행 지연 및 취소가 빈발하게 되었고, 급기야는 이번 패딩턴 역 사고에서 보았듯이 승객의 안전마저도 위협하는 지경에까지 이르게 된 것이다.

이러한 영국의 민영화에서 우리는 어떤 교훈을 얻을 수 있는가.

첫 번째 교훈은 일부에서 생각하는 것처럼 민영화가 만병통치약은 아니라는 것이다. 영국의 경우 민영화가 성공을 거둔 산업도 있지만, 대부분의 경우에는 별다른 긍정적인 효과를 거두지 못했다. 반면 대만·오스트리아·노르웨이·프랑스 등이 공기업 주도의 경제 체제로 성공을 거두었다는 사실은 '민영화=효율성'이라는 단순한 공식이 제대로 들어맞지 않음을 보여 준다.

두 번째 교훈은 기업 효율의 향상에 중요한 것은 민영화를 통한 소유권 이전(移轉)보다는 경쟁 체제의 도입이라는 것이다. 민영화된 영국 산업 중에서 가장 긍정적인 효과가 있었던 것은 기술적 특성상 경쟁 체제의 확립이 가능했던 항공 서비스·전화 등의 분야였다는 것이 그 좋은 증거라 할 수 있다.

영국의 경험이 주는 또 하나의 교훈은, 민영화가 성공하기 위해서는 민영화 이후의 규제 장치에 대한 세심한 사전 준비가 필요하다는 것이다. 영국의 경우 민영화 이후 철도 회사들의 설비 투자나 안전 대책에 관한 규제가 제대로 갖춰지지 못한 것이 이번 철도 사고의 주원인이었다. 그렇지만 세계 최고의 안전 기록을 자랑하는 일본의 철도가 대부분 민영이라는 사실에서 볼 수 있듯이 규제만 잘 된다면 민영화가 꼭 승객의 안전 경시로 이어지는 것은 아니다.

분명한 것은 영국의 경우에서 보듯이 민영화 이후의 규제 체제가 제대로 마련되지 않으면 민영화는 여러 가지 부작용을 가져올 수 있다는 사실이다. 우리나라의 민영화 옹호자들은 지금까지 흔히 영국의 경험을 '성공 사례'로 들어가며 민영화의 이점을 선전해 왔다. 이제 패딩턴 역 철도 사고를 계기로 영국 내부에서조차 민영화의 득실에 대한 재검토가 일고 있는 이 시점에서 우리는 영국 민영화의 실상을 제대로 파악하고 우리에게 필요한 교훈을 이끌어 내야 할 것이다.

『문화일보』 1999년 10월 29일

공적 자금 회수, 과연 서둘 일인가?

공적 자금 투입 기업에 대한 '신속 매각' 정책은 국영 기업은 비효율적이라는 전제에서 출발한다. 그러나 국영 기업이라고 꼭 비효율적인 것은 아니다. 닛산자동차와 삼성자동차를 매수한 르노자동차가 그 증거라 할 수 있다.

1970년 칠레의 아엔데(Allende) 정권이 선거에서 승리한 뒤 미국인 소유의 동광(銅鑛)을 국유화하는 등 좌파적 정책을 펴자 미국의 배후 지원을 받은 피노체트(Augusto Pinochet) 장군은 자유 시장 경제 수호를 외치며 1973년 유혈 쿠데타를 일으켰다.

피노체트는 정권 장악 이후 미국 시카고 대학 출신의 소위 '시카고 아이들'(Chicago Boys)이 이끄는 경제팀을 구성해 강도 높은 신자유주의적 개혁을 실시했다. 그러나 무리한 금융 자유화 정책 때문에 주식과 부동산 시장에 거품이 생기고 은행의 부실 대출이 급증하게 되면서 1982년 엄청난 금융 위기를 맞게 되자, 국유화에 반대하고 시장을 수호한다며 쿠데타까지 일으킨 정권이었음에도 불구하고, 공적 자금을 투입해 모든 은행을 국유화하지 않을 수 없었다.

1980년대 미국도 잘못된 규제 완화 때문에 저축대부조합(Savings & Loans)들에게 대규모 부실이 생기게 되면서 은행의 안정성까지 위협 받게 되자, 평소 자유방임주의를 외치던 공화당 정권이 국내총생산(GDP)의 3%에 해당하는 막대한 공적 자금을 투입해 일부 은행을 국유화하기까지 하면서 사태를 수습한 바 있다.

우리나라도 1997년의 경제 위기를 비교적 빨리 벗어난 데에는 과감한 공적 자금의 투입이 결정적인 역할을 했다. 그러나 일본은 1990년대 초 주식 시장과 부동산 시장의 거품이 꺼지면서 금융 위기가 발생했을 때 정부의 시장 개입이 옳지 않다며 공적 자금을 신속히 투입하지 않았고, 그 결과가 10여 년간의 경제 침체였다.

이런 사례에서 볼 수 있듯이 금융 위기의 조속한 해결을 위해서는 공적 자금의 투입이 불가피하다는 데에는 논란의 여지가 없다. 논란의 대상이 되는 것은 다만 위기가 해소된 뒤의 정책일 뿐이다. 가령 지난 몇 년간 우리 정부는 공적 자금을 하루라도 빨리 회수해야한다며 공적 자금이 투입된 기업과 금융 기관의 신속한 매각을 추진했다. 그런데 그것이 과연 현명한 정책이었는가.

'신속 매각' 정책의 전제는 국영 기업은 비효율적이므로 하루빨리 민영화되어야 한다는 것이다. 그러나 국영 기업이라고 꼭 비효율적인 것은 아니다. 우리나라 포스코, 그러니까 포항제철의 성공이 그에 대한 강력한 반대 사례라 할 수 있을 것이다. 또 최근 일본의 닛산 자동차와 우리나라의 삼성자동차를 매수해 승승장구하고 있는 프랑스 르노자동차도 1996년까지는 공기업이었으며, 삼성자동차를 매수할 당시도 정부가 44%의 주를 소유한, 사실상의 공기업이라는 점도 지적되어야 할 것이다.

한 걸음 양보해 민영화가 필요하다고 하더라도 매각할 때는 공적 자금을 최대한 회수하도록 노력해야 한다. 그러나 지난 몇 년 동안 우리 정부는 어떤 식으로 행동했는가. 공적 자금이 투입된 기업들을 하루라도 빨리 팔아야 한다며 스스로 시한을 정해 협상력을 약화시키고, 상업적으로 납득할 수 없는 가격에 팔지 않았는가.

17조 원 가량의 공적 자금이 투입된 제일은행을 불과 5,000억 원에 팔았다. 이는 제일은행이 매각 후 1년 반 동안 올린 이윤 정도에 불과한 낮은 가격이었다. 또 대우자동차를 4,800억 원에 GM에 넘긴 것도 모자라 채권 은행의 계속적인 대출을 정부가 보증하기까지 했다. 훨씬 규모가 작은 기아자동차를 사들인 현대자동차가 1조 2,000억 원을 내고 대출 보증도 받지 못했던 것과는 대조적이 아닐 수 없다. 최근 매각이 결정된 현대투자증권의 경우에도 투입된 2조 5,000억 원의 공적 자금 중에서 1조 원 정도밖에 회수하지 못함에도 불구하고 푸르덴셜에 사후 손실까지 보전해 주겠다고 약속하면서 판다고 한다.

국영화된 기업을 꼭 팔아야 하는 것은 아니다. 국영 기업도 잘 경영할 수 있다. 필요하면 민간에 위탁해 경영할 수도 있다.

당장 제값을 받고 팔 수 없다면 5년, 10년을 기다려서라도 제값을 받아야 한다. 팔 때에도 국내 자본에 대해 역차별을 하지 말고, 외국계 자본에 파는 경우는 기술 개발·수출·금융 등 여러 가지 측면에서 국민 경제에 대한 파급 효과를 고려해 신중하게 결정해야 한다.

국영 기업을 매각할 때 국민연기금으로 일정량의 주식을 매입하도록 해 '국민주'를 만들어 혈세를 내 부실기업을 구한 국민들의 이익이 민영화 이후에도 반영되도록 하는 방법도 생각해 볼 수 있을 것이다.

공적 자금은 국민의 혈세로 조성된 것이다. 따라서 정부는 그 위탁 경영자에 불과하다. 공적 자금의 조기 회수가 사실상 회수 포기를 의미한다면 결국 이는 정부의 직무 유기라고 할 수밖에 없다.

『동아일보』 2003년 12월 10일

한국 기업이 뭐가 그렇게 문제인가?

재벌은 족벌 체제 유지를 위해 주식 시장을 회피하고
과다한 차입에 의존한 채, 과도한 비관련 다각화를 통한 사세
확장에 몰두했으나 정작 이윤은 별로 내지 못하는 비효율적
기업이라고 한다. 과연 이 같은 진단이 타당한가?

1997년 경제 위기를 맞으면서 외국인 전문가들, 특히 국제통화기금(IMF)이나 경제협력개발기구(OECD) 등 국제경제기구에서 우리나라에게 한 가장 중요한 '충고' 중 하나는, 한국 경제가 위기를 맞게 된 데에는 한국 기업들의 기형적 구조가 큰 몫을 한 만큼 한국 기업들의 구조를 뜯어 고치지 않으면 한국 경제는 회생할 수 없다는 것이었다. 한국 기업들은 족벌 체제 유지를 위해 주식 시장을 회피한 채 과다한 차입에 의존하면서 과도한 비관련(설비 관련) 다각화를 통한 사세 확장에 몰두했지만 정작 이윤은 별로 내지 못하는 비효율적인 기업들이라는 진단에 입각해서였다.

이 같은 진단이 과연 타당한가? 타당하다면 얼마나 타당한가?

우리나라 기업들이 족벌 체제 유지를 위해 어느 정도 주식 시장을 회피해 왔다는 것은 사실이다. 그러나 국제적 기준으로 볼 때 우리나라 기업들의 주식 시장 의존도는 그다지 낮지 않다. 최근 발표된 일련의 연구 결과에 따르면, 신규 투자 자금 동원에 있어 우리나라 기업들의 주식 시장 의존도는 선진국의 기업들보다도 훨씬 높다. 그럼에도 불구하고 우리나라 기업들의 부채 비율이 높은 것은 워낙 투자율이 높은 관계로 선진국의 기업들처럼 내부 유보에만 의존하여 투자 자금을 조달하는 것이 불가능하기 때문이다.

게다가 우리나라 기업들의 부채 비율이 높다고는 하지만 국제적 기준으로 볼 때 터무니없이 높은 것도 아니다. 세계은행이 1996년 발간한 한 보고서에 따르면 1980년부터 1991년 사이 한국 제조업체의 부채 비율은 366%였는데, 이것은 일본(369%), 프랑스(361%)와는 비슷하고, 이탈리아(307%)보다는 조금 높은 수준이었지만, 핀란드(492%)나 노르웨이(538%), 스웨덴(555%) 등 북구권 국가에 비하면 별거 아닌 수준이었다.

따라서 한국 기업의 부채 구조에 있어 가장 큰 문제는 부채 비율이 높다는 것보다는 단기 부채 비율이 높아 채무의 안정성이 낮았다는 데에 있다. 가령 세계은행 보고서에 따르면 한국 기업의 단기 부채는 장기 부채의 2배 이상이었던 것으로 나타나는데, 노르웨이나 핀란드의 경우에는 그 비율이 반대였다.

한국 기업들의 효율성이 낮고, 그에 따라 이윤율 역시 낮다는 주장은 그러면 어떠한가?

첫 번째로 지적해야 할 사실은, 이윤율이라는 것이 해당 기업의 효율성이나 사회적 공헌도를 완전히 반영하지는 못하는 지표라는 점이다. 따라서 이윤율이 낮다고 해서 꼭 그 기업에 문제가 있는 것은 아니라고 할 수 있다. 또한 회계 관행이나 세제의 차이로 말미암아 이윤율의 국제 비교는 문제가 많고, 이윤율의 개념도 여러 가지가 있는 관계로 비교 방법에 따라 한국 기업의 이윤율은 국제적으로 높을 때도, 낮을 때도 있다는 점도 아울러 지적되어야 한다. 그리고 설사 한국 기업의 이윤율이 낮다고 하더라도 그것은 비교 대상으로 흔히 제시되는 미국 등의 기업에 비해 부채 비율이 높아 금융 비용이 많기 때문이지, 기업 자체의 효율성이 떨어져서 그런 것은 아니라는 사실도 알아둘 필요가 있다.

두 번째로 한국 재벌이 지나치게 비관련 다각화되어 있다는 것은 사실이다. 하지만 대부분 재벌의 경우 2~4개의 주력 기업이 매출액의 70~90%를 올리고 있다는 사실에 비추어 보면 다각화 정도는 흔히 생각하는 것처럼 높지 않다고 볼 수 있다. 물론 재벌들의 백화점식 경영에 문제가 많은 것은 사실이다. 하지만 그렇다고 비관련 다각화 자체를 죄악시해서는 곤란하다. 수요 변동이 심한 일부 중화학공업에 주력하고 있는 우리나라 대기업들의 입장에서는 어느 정도의 비관련 다각화는 위험 분산의 차원에서도 필요한 전략이기 때문이다.

이렇게 볼 때 한국 기업들이 기형적이라는 주장에는 적지 않은 문제가 있다. 특히 비(非)영미계 선진국 기업들의 경우에는 오히려 우리나라 기업들과 유사한 점이 많다는 점을 고려할 때, 영미계 분석 가들이 자기 나라 기업을 기준으로 내놓은 '한국 기업 기형론'에 따라 우리 기업 구조를 바꾸려 해서는 안 된다. 한국 기업들이 고칠 점이 많은 것은 사실이지만, 고치려면 정확히 무엇이 잘못된 것인가를 알고 고쳐야 할 것이다.

「한국일보」 1999년 9월 16일

기업 가치를 따지는 투자자분들께

주식 시장에서는 미래에 대한 기대가 결정적 역할을 한다.
만일 주식 시장의 모든 참여자가 주가가 오를 것으로 기대하고,
그런 기대를 모두가 알고 있다면, 경제 상황이나 경영 상태와
상관없이 주가가 오를 수 있다.

경제학자들이 돈 버는 데 재주가 없다는 것은 익히 알려진 일이다. 그러나 예외 없는 규칙이 없다고, 국제 무역론의 아버지인 리카도(David Ricardo)와 거시 경제학의 창시자인 케인스(John Maynard Keynes) 두 사람은 많은 돈을 벌었던 것으로 유명하다.

그 중에서도 케인스는 주식 투자를 통해 많은 부를 축적하였을 뿐만 아니라, 자신이 재무를 담당하던 케임브리지 대학 킹스 칼리지의 재산을 엄청나게 불려 주었던 것으로도 유명하다. 그러니 케인스가 주식 시장에 대해서 한 이야기가 있다면, 그것은 단순히 이론만 아는 대학 교수의 탁상공론이라고 치부할 수 없을 것이다.

케인스는 그의 주요 저서인 『고용, 이자, 화폐에 관한 일반이론』

의 12장에서 "주식 시장에 투자하는 것은 미인대회에서 누가 우승할 것인가를 알아 맞추는 것과 같다."고 설파하였는데, 이때 케인스가 말한 미인대회는 소수의 심사위원들이 당선자를 결정하는 식의 미인 대회가 아닌, 당시 영국 신문에서 유행하던 미인 고르기 대회이다. 즉 100명의 아가씨들의 사진을 놓고, 그 중 가장 미인인 6명의 아가 씨를 독자들로 하여금 고르게 한 다음, 가장 높은 득표를 한 6명의 아가씨를 맞추는 독자에게 상금을 주는 방식으로 진행된 것이다.

케인스의 주장에 따르면, 이 대회에서 우승을 하려면 자기가 예쁘다고 생각하는 후보들을 골라서는 안 되고, '평균 의견'(average opinion)이 예쁘다고 생각하는 후보를 골라야 한다. 그러나 케인스에 의하면 이 방법도 사실은 부족하다는 것인데, 이것은 이 대회 응모자들이 모두 이 점을 고려하여 과연 평균 의견이 무엇인가를 추측하여 답을 써 낼 것이므로, 과연 평균 의견이 무엇일까에 관한 평균 의견, 그리고 나아가서는 그것에 관한 평균 의견까지도 제대로 추측해야 이 대회에서 우승할 수 있기 때문이라는 것이다.

이러한 예를 통해 케인스가 지적하려 했던 것은, 다른 시장에서와는 달리 주식 시장에서는 미래에 대한 기대가 결정적인 역할을 한다는 점이다. 극단적인 예를 들어 이야기하자면, 주식 시장의 모든 참여자들이 주가가 오를 것(혹은 내릴 것)이라고 기대하고, 모두가 다른 사람들이 그러한 기대를 하고 있다는 것을 안다면, 일반 경제의 상태나 상장된 기업들의 경영 상태와는 관계없이 주가가 오를 수(혹은 내릴 수) 있다는 이야기이다.

이와 같은 분석에 기초하여 케인스는 주식 시장이라는 것이 장기적인 수익을 노린 투자보다는 단기적인 수익을 노리는 투자를 장려하게 되며, 그에 따라 발생하는 신속한 자본 이동은 장기적인 투자가 필요한 실물 경제에 대한 교란 요인으로 작용할 가능성이 높다고 주장하였다.

지금 우리나라에서도 주식 시장의 확대를 통해 기업들의 채무 의존도를 낮출 수 있다는 바람에서 주식 시장의 급속한 발달을 원하는 경향이 높아지고 있다. 그러나 위에서 본 바와 같이 장기보다는 단기를 중시하는 주식 시장이 과연 우리가 선진국들을 따라잡기 위해 여전히 필요한 엄청난 액수의 장기 투자를 과연 가능하게 할 것인지는 그 속성상 의문이다.

게다가 지금 주식 시장에 들어 있는 '거품'이 미국 주식 시장의 하락 가능성 등 국제 경제 불안 요인들에 의해 터지기라도 하면 이제 겨우 회복세를 보이고 있는 경제가 다시 침체에 돌입할 수도 있다. 이제라도 주식 시장의 진정한 속성과 역할을 다시 한 번 깊이 생각해 볼 때이다.

『한국일보』 1999년 7월 15일

인터넷 경제의 미래가 장밋빛이라고?

아마존을 포함한 대부분의 인터넷 업체들은 이윤을
낸 적이 없다. 그런데도 기존 산업에 속하는 회사들로서는
상상할 수도 없는 주가를 누리고 있다. 인터넷의 영향력과
장래성이 과대평가되고 있는 것이다.

지난 2000년 1월 10일 발표된 미국 최대의 미디어 그룹인 타임-워너 사와 최대의 인터넷 회사인 아메리카온라인(AOL) 사의 합병은 여러 가지 면에서 의미 깊다.

첫 번째로 주목을 받은 사실은 영화·TV·잡지 등 소위 구(舊)미디어와 인터넷이라는 신(新)미디어 사이에 처음으로 본격적인 결합이 이루어졌다는 것인데, 이번 합병과 유사한 합병이 앞으로도 많이 이루어진다면 영화나 뉴스 등이 인터넷을 통해 가정으로 직접 배달되는 미디어 산업의 혁신이 일어날 수 있을 것이다.

그러나 이보다도 더 충격적이었던 것은, 이번 합병이 표면적으로는 두 회사 간의 동등한 결합이라고 내세우고 있지만, 실제로는 AOL

이 새로 생긴 회사의 지분 55%를 소유하게 된다는 점이다. 생긴 지 얼마 되지도 않는 신출내기 회사인 AOL이 매출액이 자신의 4배나 되는 미국 최대의 미디어 그룹인 타임-워너 사를 접수한 것이나 다름없는 것이다.

일부에서 타임-워너 사와 AOL의 이번 합병이야말로 인터넷 경제의 승리를 예고하는 서곡이라고 주장하는 것도 바로 이 때문이다. 하지만 그러한 주장은 과연 얼마나 타당성을 갖고 있는가.

이번 합병이 보여 준 다른 무엇보다도 중요한 사실은, 인터넷이라는 것은 정보의 전달 수단에 불과하므로 소비자가 관심을 가질 만한 정보를 창출하는 기존의 미디어 산업 없이는 계속 확장될 수 없다는 것이다. 다시 말하여 인터넷이 대체하는 것은 신문지나 영화 스크린이지, 신문 기사나 영화 자체가 아니라는 뜻이다.

이러한 인터넷의 '기생성(寄生性)'이 바로 AOL이 주가 기준으로는 타임-워너 사의 2배 가량 — 합병시 AOL의 주가 총액은 1,630억 달러, 타임-워너의 주가 총액은 760억 달러 — 이나 되었음에도 지분은 AOL이 합병된 회사의 3분의 2가 아닌 55%만을 통제하기로 하는, 커다란 '양보'를 한 이유이다.

둘째로, AOL과 타임-워너의 합병, 그리고 나아가서 구미디어와 신미디어의 광범한 결합이 성공할지는 여전히 미지수라는 점이다. 타임-워너 자체가 영화사인 워너브라더스 사와 잡지사인 타임 사, 그리고 케이블 채널인 CNN 등 다양한 회사가 합병되어 탄생한 회사로 아직도 내부 갈등이 많은데, 여기에 전혀 성격이 다른 AOL까지 가세하게 되면 과연 회사가 제대로 운영될 수 있을지에 대해 의문을 제기하는 사람이 많은 것이다. 게다가 그와 관련 우리는 지금까지 비교적 소규모로나마 시도되었던 인터넷 사와 기존 미디어 회사들 간의 합병이 모두 실패로 돌아갔던 사실을 기억할 필요가 있다.

마지막으로, AOL의 매출액이 타임 – 워너의 25%도 채 안 되면서 그 주가가 2배가 넘었다는 것은 현재 미국의 주식 투자자들이 인터넷 사업의 장래성을 엄청나게 과대평가하고 있다는 것을 보여 준다. AOL은 그나마 자리를 잡아 이윤이라도 내던 회사이지만, 인터넷 서점으로 유명한 아마존(amazon.com)을 포함한 대부분의 인터넷 회사들은 지금까지 이윤을 한 번도 낸 적이 없다. 그런데도 기존 산업에 속하는 회사들로서는 상상할 수도 없는 주가를 누리고 있는 것이다.

투자자들이 새로 시작되는 산업에 투자를 할 때는 현재의 이윤보다는 장래성을 본다고는 하지만 현재 인터넷 회사의 주가는 투기에 의해 부풀려져 있다고밖에는 달리 설명할 수 없는 정도로까지 치솟아 있다. 미국 경제가 조만간 조정기에 들어가게 되면 인터넷 주들이 가장 먼저 타격을 입게 될 것이라는 예측은 바로 그런 배경에서 나온 것이다.

앞으로 인터넷의 중요성이 전 세계적으로 당분간 급격하게 증가할 것은 틀림없다. 그러나 지금까지 살펴본 바와 같이 미국을 필두로 하여 전 세계적으로 인터넷의 영향력과 장래성이 크게 과대평가되고 있다는 인상을 지우기 힘들다.

새로운 기술적 조류를 잘 파악하고 그것을 능동적으로 이용하는 것이 매우 중요하기는 하지만, 그것이 냉철한 판단에 기초하지 않으면 장기적으로는 커다란 실망만 안겨 줄 수도 있다는 사실을 염두에 두어야 할 것이다.

『한국일보』 2000년 1월 27일

신경제를 어디서 찾아야 하는가?

정보통신 기술의 발달로 기존의 경제 법칙이 통하지 않는
신경제가 창출되었다는 신화는 이제 깨졌다. 장기적으로는 인터넷
업체들도 이윤을 내지 않으면 생존할 수 없는 것이다.
이제 다시 땅에 발을 디딜 때가 왔다.

지난 2000년 4월 중순을 고비로 한풀 꺾이기 시작한 인터넷 주의 상승세는 지난주를 거치면서 본격적인 하락세에 진입하였다. 지난주 화요일 미국의 연방준비제도이사회(FRB)가 이자율을 0.5% 포인트 인상한 뒤로 금요일까지 4일 만에 미국의 나스닥(NASDAQ) 지수가 8.5%나 하락한 것이다.

유럽에서도 지금까지 가장 유망한 인터넷 유통 업체 중 하나로 여겨지던 스웨덴 출신의 패션 스포츠용품 업체인 부(Boo.com)가 지난주 파산을 선고하면서 인터넷 업체들의 전망에 대한 의문이 제기되었고, 그에 따라 유럽 전반에 걸쳐 인터넷 관련 주가가 급락하였다. 특히 영국의 인터넷 주가 지수인 테크마크(Techmark) 지수는 5

월 19일 하루 만에 무려 8.7%가 하락하는 기록을 세우기도 했다. 지난 3월의 정점에 비하면 나스닥 지수는 3분의 1, 테크마크 지수는 절반 가량으로 떨어진 셈이다.

그런데 문제는 인터넷 주가의 하락이 여기서 그치지 않을 것 같다는 사실이다. 역사적으로 볼 때 영·미 주식 시장에 상장된 우량 기업들의 평균 주가수익비율은 20 : 1 가량이었다. 그런데 지난 3월 나스닥 시장의 평균 주가수익비율은 150 : 1에 달했다. 이런 사실에 비추어 볼 때 지난 3월 정점에 이르렀을 당시 나스닥 지수는 7~8배 정도 과대평가가 되어 있었다는 결론이 도출되고, 그 결과 장기적으로 인터넷 주가는 현재의 4분의 1 수준까지 떨어질 수도 있다는 계산이 나오는 것이다.

물론 지난 3월 인터넷 붐이 극에 달했을 때까지도 일부에서는 인터넷 주가가 과대평가된 것이 아니라고 주장하였다. 정보 기술의 발달로 소위 '신경제' 체제가 도래하게 되면서 주가수익비율과 같은 과거의 투자 기준이 무의미해졌을뿐더러, 지금은 비록 많은 인터넷 업체들이 이윤을 올리지 못한다 하더라도 앞으로 막대한 이윤을 올릴 것인 만큼, 이들의 주가가 높은 것은 합리적이라는 것이다.

인터넷 업체이건 아니건 새로 시작하는 사업의 경우 단기적인 매출액이나 이윤이 투자 결정의 전적인 기준이 될 수 없다는 것은 타당한 이야기다. 그러나 새로운 기술에 기반하고 있는 기업이라고 해서 기업의 경영 원리가 달라질 수는 없는 것이고, 장기적으로는 인터넷 업체들도 이윤을 내지 않으면 생존할 수 없는 법이다. 그럼에도 많은 투자자들은 '신경제' 논리에 현혹되어 이러한 점을 무시하고 투자를 결정했다.

특히 이들이 간과했던 것은 인터넷 쇼핑 업체들의 경우 그 업종의 성질상 제품의 차별화가 어렵기 때문에 자기 브랜드의 인지도를 높이기 위해 광고와 마케팅에 엄청난 자금을 투입하지 않을 수 없다는 점이다. 예를 들어 미국 인터넷 쇼핑 업체들은 지난해 크리스마스 시즌을 겨냥하여 4/4분기에만 20억 달러를 광고비로 쓴 것으로 추산되고 있다. 심지어 최근 파산한 'Boo.com'의 경우에는 한 달 매출액이 50만 달러가 채 안 되었음에도 불구하고 광고와 마케팅에만 한 달에 500만 달러 이상을 지출했을 정도였다고 한다.

또한 많은 인터넷 업체의 경영자들이 경험보다는 의욕이 앞서는 신출내기 기업가들인 탓에 방만한 경영을 한 경우가 많은 것도 문제라고 할 수 있다.

결국 인터넷 붐이 이같이 '신경제'에 대한 비합리적인 기대에 의해 시작이 되었다면, 그것이 지속·확대된 것은 '객관적'인 기준에 의해서라기보다는 투자자의 기대 심리에 의해 움직이는 주식 시장의 속성 때문이라 할 수 있다.

주식 투자자들이 가장 중요하게 여기는 것은 어떤 주식의 현재 가격이 '객관적'으로 적정한가의 여부보다는, 그 주가가 앞으로 오를 것이냐 아니냐 하는 것이다. 만일 어떤 기업의 주가가 터무니없이 높다 하더라도 모든 투자자가 그 주가가 앞으로 상승할 것이라는 기대를 가지고 있다면, 개인 투자자들의 입장에서는 그 주를 샀다가 파는 것이 이익이 되고, 그 결과 비합리적으로 높은 주가가 지속되는 것이다.

지난 두 달간 인터넷 주가의 움직임을 보노라면 이제 주가가 계속 상승할 것이라는 기대가 붕괴된 것은 확실한 것 같다. 앞으로 그 주가가 어디까지 얼마나 빨리 떨어질지는 예측이 불가능하지만, 그 하락세가 계속될 것만은 틀림없는 듯하다. 특히 기대 심리가 중요한 주식 시장의 속성을 고려하면 일단 인터넷 주식에 대한 비관론이 퍼지기 시작하면 그 주가는 걷잡을 수 없이 붕괴할 수도 있다.

그렇게 볼 때 정보통신 기술의 발달이 기존의 경제 법칙이 통하지 않는 새로운 경제 체제를 창출했다는 신화는 이제 깨졌다. 다시 땅에 발을 디딜 때가 온 것이다.

『문화일보』 2000년 5월 23일

세계화는 기술이 아닌 정치의 문제다

세계화론자들이 추구하는 무절제한 세계화의 경우
20세기 초와 같은 세계 경제 시스템의 혼란과 붕괴를 가져올 수도
있다는 점에서, 세계화를 비판적으로 접근하는 것이 장기적인
세계 경제의 통합을 돕는 길일 수도 있다.

1990년대 초반부터 지구화(globalization) 혹은 세계화가 경제 논쟁의 화두로 등장하면서 글로벌 스탠더드, 즉 국제 기준에 맞는 각종 정책과 제도를 채택하지 않는 나라는 세계화의 흐름에서 도태될 것이라는 주장이 강력하게 대두되어 왔다.

물론 국제 기준을 주창하는 사람들도 국제 기준으로 여겨지는 정책이나 제도 중에 각국의 국민 정서나 사회 관행에 잘 맞지 않는 것들이 있음을 인정하기는 한다. 그러나 그들은 운송과 통신 기술이 엄청나게 발달하게 된 결과 상품의 교역 비용이 줄어들게 된 것은 물론 자본의 이동이 자유로워진 지금과 같은 '국경 없는' 세상에서 이러한 감정적인 이유에 치우쳐 국제 기준에 맞지 않는 행동을 하는 나라

는 당장 경쟁력이 떨어질 것이라면서, 글로벌 스탠더드의 추구는 더이상 선택의 문제가 아닌 필연이라고 주장해 왔다. 우리나라에서도 김영삼 정부의 세계화 천명 이후, 그리고 특히 1997년 외환 위기 이후 우리의 '비정상적인' 혹은 '국제 기준에 맞지 않는' 정책과 제도를 고치지 않으면 앞날에 희망이 없다는 주장이 여론의 주류가 되었다.

세계화는 진정 선택이 아닌 필연인가?

그러나 과연 이러한 주장이 맞는 것인가? 정말 세계화에 의해 국경이 허물어져 결국은 완전히 없어지는 것일까? 그리고 그러한 세계화의 과정 속에서 우리의 정책과 제도를 완전히 뜯어 고쳐 국제 기준에 맞추지 않으면 진정 우리는 살아남을 수 없는 것인가?

세계화의 필연성을 주장하는 사람들이 논의의 밑바탕에 깔고 있는 전제는, 과학·기술의 발달에 따른 국제 교역과 통신 비용의 급감(急減)이 세계화를 촉진하고 있다는 것이다. 국제 교역과 통신 비용의 급감으로 인해 무역 증가와 생산 설비의 이전이 촉진되면서 기업의 초국적화가 이루어지고 있을 뿐만 아니라, 금융 자본의 국제 이동이 리얼 타임으로 가능해지면서 종전의 국경이라는 개념이 무의미해진 대신에 '국경 없는 세계'(borderless world) 혹은 '하나의 세계'(one world)가 태어나고 있다는 주장이다.

특히 이러한 주장에 힘을 실어 준 것은 ― 물론 선진국과 일부 중진국에 국한된 이야기이기는 하지만―1990년대 중반부터 퍼지기 시작한 인터넷과 이메일이다. 인터넷은 세계 어디에 앉아서도 전화선만 있으면 전 세계의 정보를 접할 수 있도록 해 주었고, 이메일은 빨라도 며칠씩 걸리던 국제 특급 우편이나 빠르기는 하지만 번거롭고 비용도 비싼 팩스를 대신하여 1~2분 안에 세계 어느 곳에서나 아무리 많은 양의 정보라도 받아 보고 보낼 수 있게끔 해 줌으로써 많은 사람의 생활을 바꾸어 놓았다. 그와 같은 첨단 기술의 혜택이 소수의 엘리트만이 아닌 대중에게로까지 퍼지게 되면서 세계화는 기술 발전에 의한 현상이라는 관념이 폭 넓게 퍼지게 된 것이다.

"세계화에 대한 반대는 진보의 부정?"

세계화를 이같이 과학·기술 발전의 필연적인 결과로 보게 되면, 세계화를 반대하는 사람들은 진보를 부정하는 과거 지향적인 인물들로 보이게 될 수밖에 없다. 세계화론자들이 종종 자신들을 비판하는 사람들을 영국 산업혁명 초기에 기계를 파괴함으로써 산업화의 폐해를 막을 수 있다고 생각했던 러다이트(Luddite) 운동가들에 비유하는 것은 바로 이러한 시각에서 나온 것이다.

그러나 세계화가 과연 과학·기술 발전의 필연적인 결과인가? 그렇지 않다는 것은 지금으로부터 100여 년간에 걸친 세계화의 역사를 살펴보면 바로 알 수 있다.

19세기 말에서 20세기 초까지―그러니까 대략 1870년대부터

1914년의 제1차 세계대전 때까지 — 세계 경제는 요즘만큼 '세계화' 되어 있었다. 19세기 말 20세기 초에 국민 경제에서 국제 무역이 차지하는 비중은 나라마다 차이가 있기는 했지만 대부분 요즘과 같거나 높았으며, 무역 장벽도 대부분의 나라들이 식민지화되어 있거나, 중국·태국·터키·남미 제국(諸國) 등 식민지화되지 않은 나라라 하더라도 불평등 조약에 의해 관세 자주권 등을 박탈당했기 때문에 요즘보다도 훨씬 낮았다.

기업의 초국적화도 지금 수준보다는 못하지만 고도로 진전되어 있었다. 특히 선진국 사이의 자본의 흐름은 국민소득 대비로 하면 지금의 1배 반 내지 2배에 달하였으며, 총 인구 대비 이민의 비율, 즉 사람의 국제적 흐름은 지금과 비하면 5배 가량 월등히 높은 것으로 나타나는 등, 여러 면에서 당시의 세계 경제는 지금보다도 더 '세계화' 되어 있었다.

오히려 100년 전에 유행했던 '세계화'

그러나 19세기 말에서 20세기 초 사이의 세계화는 지속되지 않았다. 제국주의를 추구하는 선진국 간의 세계 분할 투쟁 때문에 일어난 제1차 세계대전과 투기 자본의 국제적 이동이 한 원인이 되어 일어난 1929년의 대공황을 거치게 되면서 국제 무역과 국제 금융이 붕괴되었고, 그 결과 제2차 세계대전 무렵에 이르게 되면 세계화는 20세기 최저 수준으로 추락하게 되는 것이다.

20세기 초반 무절제하게 진전된 세계화에 따른 국제 경제 체제의 붕괴를 맛본 여러 나라들은 제2차 세계대전 이후 경제 개방에 신중을 기하게 되었고, 그에 따라 국제 무역이나 금융 제도도 무절제한 세계화보다는 규제된 경제 통합을 추구하는 방향으로 재편되었다.

세계화가 다시금 급격히 진전된 것은 주요 선진국들을 필두로 세계 각국이 정책을 변경해 개방을 추구한 1980년대 이후의 일인데, 정작 19세기 말에서 20세기 초에 이르는 세계화 수준을 회복한 것은 1990년대 들어서의 일이었다. 인터넷을 빼고는 이미 현대적 수송·통신 기술이 모두 존재하던 1960년대와 1970년대의 세계화 수준이 증기선과 유선 전신에 의존하던 19세기 말 20세기 초의 세계화 수준보다도 낮았던 셈이다.

이러한 결과는 1960~1970년대의 세계화 수준이 낮았던 이유가 제2차 세계대전 이후 세계 각국이 국가적으로, 그리고 국제적으로 세계화의 속도를 규제하는 정책을 폈기 때문이지, 수송·통신 기술이 부족해서가 아니었다는 사실을 보여 준다. 다시 말해 세계화가 수송·통신 기술의 발달에 따른 필연적 결과라는 주장은 말이 안 된다는 것이다.

물론 이렇게 말한다고 해서 세계화의 정도를 결정짓는 데에 기술 발전이 무관하다는 것은 아니다. 증기선이나 유선 전신도 없던 19세기 중반 이전에는 고도의 세계화가 물리적으로 불가능하였기 때문이다.

그러나 일단 기술이 어느 정도 수준에 오르게 되면 이후부터 세계화가 어느 정도 진전될 것인지의 여부는 정치적·정책적으로 ─ 특히 강대국에 의하여 ─ 결정되는 것이지, 기술에 의해 결정되는 것은 아니다. 다시 말해 기술 수준은 세계화의 한계를 규정하지만, 그 한계 내에서 정확히 어느 정도 세계화가 일어날 것인가의 여부는 기술의 문제가 아닌, 정치의 문제라는 것이다.

　이렇게 세계화가 기술이 아닌 정치의 문제라면, 현재 일어나고 있는 세계화의 방식과 정도를 비판하는 것이 결코 세계화론자들이 흔히 주장하듯 '과거 지향적'이거나 '비현실적'인 것은 아니다. 도리어 세계화론자들이 추구하는 무절제한 세계화의 경우 20세기 초에서 볼 수 있는 것과 같이 세계 경제 시스템의 혼란과 붕괴를 가져올 수도 있다는 점에서, 역설적이기는 하지만 세계화를 비판적으로 접근하는 것이 장기적인 세계 경제의 통합을 돕는 길일 수도 있다.

『오마이뉴스』 2003년 6월 20일

PART 3 **우리 경제가** 그렇게 **문제**인가?

장님 코끼리 더듬듯 하는 선진국 벤치마킹

노동 시장 규제 완화, 세금 감면, 외국인 투자자 우대,
민영화 등을 금과옥조로 여기는 개방론자들이 이런 싱가포르나
핀란드에 대해 제대로 알고 있었더라면 과연 벤치마킹하자는
소리가 나올 수 있었을까.

오랫동안 약소국으로 살아온 우리나라는 선진국을 모범으로 삼
아 거기서 무언가를 배우고자 하는, 소위 '벤치마킹'(benchmarking)
에 능한데, 이러한 경향은 1997년 외환 위기 이후 우리나라의 기존
경제 체제에 대해 국내외에서 거센 비판이 일면서 더욱 강해졌다.

이러한 태도를 사대주의라고 비판할 수도 있을 것이다. 하지만
이런 식의 선진국 벤치마킹이 우리나라가 지금까지 발전해 오는 데
적지 않은 공헌을 했다. 문제가 있다면 다만 모범으로 삼은 나라를
제대로 이해하지 못한 상태에서 벤치마킹이 시도되는 경우가 많다는
것이다.

가령 흔히 개방과 자유방임의 모범으로 이야기되는 미국의 예를

들어보자. 많은 사람들이 미국은 개방 경제를 통해 성장한 것으로 생각하지만 이는 사실과 다르다. 스미스(Adam Smith), 리카도(David Ricardo) 등 영국 경제학자들의 자유 무역 이론에 대응해 미국 초대 재무장관 해밀턴(Alexander Hamilton)이 유치 산업 보호론을 처음 제기한 이래 미국은 1830년대부터 제2차 세계대전 때까지 1세기 이상에 걸쳐 세계 최고의 공산품 관세율을 유지하는가 하면, 은행업·해운업 등 전략 산업에 대한 외국인 투자를 엄격히 규제해 가면서까지 영국 등의 선진국에 대항해 자국 산업을 보호·육성했다.

미국의 경우 제2차 세계대전 이후 세계 최강의 경제국으로 자리잡으면서 무역을 자유화했다고 하지만, 농업에 대해서는 여전히 막대한 보조금을 지급하고 있고, 제조업의 경우에도 경쟁력이 떨어지는 분야에 대해서는 덤핑을 구실로 수입을 규제하곤 한다. 또 미국에는 별다른 산업 정책이 없다고 믿는 사람들이 대부분인데, 실제 미국 정부는 연구 개발(R&D) 지원을 통해 산업 발전의 방향에 지대한 영향을 미친다. 한국이나 일본의 경우 총 연구 개발비 투자에서 차지하는 정부 비율이 20%가 되지 않는 데 비해 미국의 경우에는 그 비율이 50~70%에 이를 정도이다.

미국 정부는 필요하다면 시장에도 적극 개입한다. 일본이 1990년대 초 시장 원리를 따른다며 부실 금융 기관에 대해 공적 자금 투입을 꺼리다가 경제에 멍이 든 데 반해, 미국은 1980년대 후반 저축대부조합(Savings & Loans)의 부실로 비슷한 문제에 처하게 되자 국내총생산(GDP)의 3%에 해당하는 공적 자금을 투입해 조속히 문제를

해결했을 정도이다. 그런 만큼 미국에서 진짜로 벤치마킹해야 할 것
은 개방과 자유방임이 아니라, 경제 민족주의와 정부의 시장 개입에
대한 유연성이라 할 것이다.

요즘 흔히 세계화의 성공 사례로 일컬어지는 싱가포르나 핀란드
의 경우에도 우리가 제대로 이해하지 못하고 있다는 점에서는 미국
과 다를 바 없다.

싱가포르 하면 흔히 시장 개방과 외국 자본의 적극 유치라는 면
만 강조되지만, 실상 이 나라는 토지가 대부분 국유화되어 있고, 많
은 주택이 공공 임대주택이며, 외국계 기업을 제외한 주요 기업들은
대부분 국영이다. 싱가포르를 벤치마킹하자는 사람들 중에서 과연
몇 명이나 이런 식의 토지 및 주요 산업의 국유화를 지지할 것인지
궁금할 때가 적지 않다.

핀란드의 경우도 사정은 비슷하다. 핀란드의 경우 노조 조직률이
세계 최고 수준이며, 노동 시장 규제도 엄격하고, 사회복지 제도가
발달해 세금도 많다. 게다가 1930년대부터 1993년 유럽연합(EU) 가
입 때까지 외국인 지분이 20% 이상인 모든 기업을 공식적으로 '위험
기업'으로 분류해 특별 관리했는가 하면, 지금도 핀란드 투자청 웹사
이트를 통해 "우리는 절대 국내 기업보다 외국 기업을 우대하지 않는
다."고 명백히 밝히고 있는 나라이다.

뿐인가, 국영 기업 비중도 세계 최고 수준이다. 노동 시장 규제
완화, 세금 감면, 외국인 투자자 우대, 민영화 등을 금과옥조로 여기
는 개방론자들이 이런 핀란드에 대해 제대로 알면 과연 그 나라를 벤

치마킹하자는 소리가 나올 수 있을까.

싱가포르나 핀란드에서 진정으로 배워야 할 것은 단순히 개방이 좋다는 사실이 아니다. 성공적으로 개방을 해 내기 위해서는 개방의 충격을 흡수하고 그 희생자들을 구제해 사회 통합을 유지하는 장치를 마련해야 한다는 것이다. 이 나라들이 복지 국가, 토지 국유화, 공기업, 노동 시장 규제, 외국인 투자 규제 등의 '반(反)시장적' 수단을 사용한 것은 바로 그러한 이유에서다.

배우려면 제대로 알고 배워야 한다. 장님 코끼리 만지기 식으로 우선 손에 닿는 것만 가지고 벤치마킹을 해서는 안 된다.

『동아일보』 2004년 1월 27일

선진 경제를 향한 보편타당한 공식은 없다

'선진 제도'는 영미식 제도만 있는 것이 아니다.
경제 제도라는 것이 상품과 같이 사들일 수 있는 것이 아니라
그 나라의 경제 여건이나 정치 구조, 사회 관행이나 문화적
전통 등과 함께 진화하는 존재이기 때문이다.

한국에 대해 잘 모르는 서양인들은 한국을 일본이나 중국과 구별하지 못하는 경우가 많다. 때문에 간혹 한국에서는 일본말을 쓰는가, 아니면 중국말을 쓰는가 하는 질문까지 받고 나면 불쾌한 생각이 들 때도 있다. 하지만 우리도 모든 서양인을 '미국 사람'이라고 부르는 경우가 있다는 것을 생각하면 피장파장이라 할 수 있다.

요즈음 우리나라가 경제 위기를 겪으면서 선진국형으로 제도 개혁의 필요성이 강조되고 있는데, 우리는 제도 개혁 부문에서도 이와 유사한 오류를 범하고 있는 것 같다. 요즘 논의에서 '선진국형 제도'라고 불리는 것들이 대부분 미국식 제도들이기 때문이다.

우리는 흔히 모든 선진국들이 미국과 거의 유사한 제도들을 가지

고 있다고 생각하기 쉽다. 하지만 여러 선진국들의 경제 제도를 자세히 살펴보면 그 엄청난 다양성에 놀라게 된다. 우리가 흔히 '선진 경제'라고 하면 연상하는 주주 지상주의(shareholder sovereignty), 자유방임주의 그리고 '작은 정부'를 이상으로 삼는 미국식 자본주의는 전체 선진국을 기준으로 볼 때 오히려 예외적인 것이라 할 수 있다. 게다가 미국 경제가 실제로 이러한 원리들을 과연 충실히 따르고 있느냐 하는 것도 역시 논란의 소지가 적지 않은 형편이다.

흔히들 미국과 제도적으로 가장 유사한 나라로 영국이나 캐나다를 꼽곤 한다. 하지만 이들 나라마저도 미국보다는 월등히 발달된 복지 국가 제도를 가지고 있다. 비영미권(non-Anglo American) 선진국의 경우에는 미국과의 차이가 더욱 심하다.

주지의 사실이지만, 일본은 정부와 기업의 긴밀한 협조 관계, 관련 기업 간의 상호 주식 보유, 종신 고용제 등 미국과는 매우 다른 제도를 가지고 세계 2위의 경제 대국이 되었다. 반면 독일은 주식 시장보다는 은행 중심의 금융 제도, 노사 공동결정 원리(co-determination)에 따른 기업 경영, 보다 발전된 사회복지 제도, 엄격한 기능공 제도 등을 바탕으로 미국식 자유방임주의와는 거리가 먼 사회시장경제(social market economy)를 통하여 '라인 강의 기적'을 이루어 냈다.

프랑스의 경우에는 한국이나 일본과 같이 엘리트 관료의 주도에 의한 적극적 산업 정책과 국가의 금융 기관 통제를 통해 제2차 세계대전 이후 영국을 추월하고 — 현재 프랑스의 1인당 국민소득이 영국보다 40% 가량 높다 — 독일에 이은 유럽 제2의 경제 대국으로 발돋움했다. 스웨덴·노르웨이·핀란드 등의 북구 제국(諸國)은 그와 달리 노사정 합의를 통해 투자·임금·사회복지 지출 수준을 정하는 소위 사회적 조합주의(social corporatism)를 통해 세계 최고의 생활수준을 일구었다.

이탈리아의 경우에는 북부의 밀라노와 토리노를 거점으로 한 대기업들 — 자동차 회사 피아트가 그 대표적인 예라 할 수 있다 — 과 에밀리아–로마냐 지방을 중심으로 중부에 포진해 다품종 소생산에 주력하는 고부가가치 중소기업들 — 의류업체 베네통이 그 대표적 예라 할 수 있다 — 의 상호 조화를 통해 제2차 세계대전 직후 농업 인구가 50%에 달하던 빈곤국의 위치를 벗어난 것은 물론 지금은 영국보다 잘 사는 나라가 되었다.

또한 오스트리아는 북구 제국과 유사한 사회적 조합주의를 통해 거시 경제의 안정을 도모하면서, 공기업 부문의 역동적인 투자를 통해 제2차 세계대전 직후 체코보다도 낮았던 생활수준을 세계 최고로 끌어올렸을 뿐만 아니라 현재 10% 내외의 높은 실업률에 시달리는 유럽에서 4% 가량의 낮은 실업률로 부러움을 사고 있다.

이와 같이 '선진 제도'는 흔히 생각하는 대로 미국식 제도만이 전부가 아니라 다양한 형태를 띠고 있다. 이는 경제 제도라는 것이 상품과 같이 단순히 외부에서 수입될 수 없고, 그 나라의 경제적 여건이나 정치 구조, 사회적 관행 그리고 문화적 전통 등과 '연계적으로 진화'(co-evolution)하는 존재이기 때문이다.

결국 '선진 자본주의＝미국 자본주의' 라는 공식은 성립하지 않는다. 그런 만큼 우리는 지금이라도 보다 시야를 넓혀 미국 외의 여러 선진국의 제도들을 비교·연구하고, 우리 실정에 맞는 제도들을 제대로 취사선택하여 제도 개혁의 지표로 삼아야 할 것이다.

『한국일보』 1999년 4월 1일

영미식 자본주의는 진정 우월한가?

현재 영미식 자본주의의 장점으로 꼽히는 발달된 주식 시장,
자유방임적 정부, 이윤 추구를 우선시하는 경영 방식과 같은 것은
1980년대만 해도 영미계 국가들의 상대적 쇠락을 가져온
원인으로 지적되었던 사항들이다.

세기말이 되면서 다음 세기에 대한 예측이 유행하고 있다. 그 중에서도 인기가 높은 것은 21세기가 미국의 세기, 더 넓게는 영미식 자본주의의 세기가 될 것이라는 주장인데, 1990년대 초까지만 해도 일본이 곧 미국을 추월할 것이라든지, 21세기는 중국의 세기가 될 것이라든지 하는 예측이 난무했던 것을 생각하면 격세지감을 느끼지 않을 수 없다.

이렇듯 세계 여론이 바뀐 이유는 1990년대 들어 미국 경제가 근래에 유례없는 장기적 성장을 누리게 된 데다, 영국·호주 등도 비교적 좋은 경제 성과를 거두고 있는 데에 있다. 게다가 1990년대 일본 경제는 장기 침체를 겪고 있고, 많은 유럽 대륙 국가들도 저성장·고

실업에 시달리고 있는 관계로 '영·미 자본주의 우월론'은 더욱 힘을 얻게 되었다.

외환 위기 이후 극도의 자괴감에 빠져 있는 우리나라에서도 이러한 주장에 동조하여 '우리도 영미식 자본주의를 채택하지 않으면 21세기에 살아남지 못할 것'이라는 주장을 하는 사람이 많다. 심지어는 영어를 공용어로 사용해야 한다는 어처구니없는 주장을 하는 사람까지 나타나고 있을 정도이다.

과연 그러한 주장이 얼마나 타당한지 꼼꼼하게 따져 보자.

첫째로, 영미계 국가들의 경제 성과가 지난 7~8년간 비교적 좋았던 것은 사실이다. 하지만 그것이 영미식 자본주의의 '새로운 황금기'를 운운할 정도라고는 할 수 없다. 영국의 경제 주간지 『이코노미스트』(The Economist)에 의하면 1989년에서 1998년 사이 미국의 1인당 경제 성장률은 불과 1.6%로, 일본(1.6%)이나 독일(1.9%)과 대동소이했다. 게다가 영국이 거둔 경제 성과는 1990년대에 수십 년간 계속되던 경제의 쇠락이 그쳤다는 정도에 불과하다. 영국은 1인당 국민소득 기준으로 유럽연합(EU) 15개국 중 11위로 떨어져 상대적 지위의 회복은 아직 요원한 일인 것이다.

결국 영미계 국가들의 경제 성적이 좋아 보이는 것은 일본과 독일 등 주요 경쟁국들의 상대적인 침체 때문이라 할 수 있는데, 이 차이마저도 세계 여론을 주도하는 영미계 언론들에 의해 과대 포장된 측면이 적지 않다.

둘째로, 영미계 국가들이 1990년대에 거둔 상대적으로 좋은 성적이 과연 그들의 '체제적 장점'에 기인한 것인지에 대해서도 의문이 제기되어야 한다. 여기서 한 가지 주목할 만한 사실은 현재 영미식 자본주의의 장점으로 꼽히고 있는 발달된 주식 시장, 자유방임적 정부, 이윤 추구를 최우선의 목표로 하는 기업 경영 방식과 같은 것들이 1980년대에만 해도 영미계 국가들의 상대적 쇠락을 가져온 원인으로 흔히 지적되었던 사항들이라는 점이다.

그와 함께 1990년대에 일본이나 독일 등 비(非)영미계 자본주의 국가들이 침체를 겪은 것이 이들의 제도적 결함에 기인한 것인지에 대해서도 생각해 볼 필요가 있다. 이들의 침체가 '체제적' 요인에 기인하지 않은 것이라면 영미식 자본주의의 '체제적 우월성'을 거론할 수 없기 때문이다.

일본의 1990년대 장기 침체는 거시 정책의 실패에 기인한 것이지, 흔히 일본식 자본주의를 상징하는 제도로 간주되는 적극적 산업 정책, 장기적 하청 관계, 종신고용 때문에 일어난 것은 아니라는 점에 대부분의 전문가가 동의한다. 또 독일의 경우 1990년대 상대적 침체를 겪은 원인은 통일 비용 지출로 인한 인플레 압력의 제거와 유럽 단일통화 확립에 필요한 통화 안정을 위해 지나치게 긴축적인 거시 정책이 추구되었기 때문이라는 주장이 지배적이다.

마지막으로 생각해 보아야 할 것은 기껏해야 최근 10여 년 정도의 경험을 바탕으로 21세기 전반(全般)에 대한, 아니 그것이 너무 광범위하다면 향후 수십 년이라도 제대로 예측할 수 있겠느냐는 점이다. 지금 미국 경제의 호황은 끝이 나지 않을 것이라고 믿는 사람이 많지만, 미국의 가계 저축률은 이미 마이너스(負)로 돌아선 상태이고, 주식 시장에 거품도 많이 끼어 있는 상황이다. 그런 속에서 자칫 잘못하여 미국 경제가 경착륙(hard landing)이라도 하게 된다면 지금으로부터 10년 후쯤에는 사람들이 또다시 '영미식 자본주의의 쇠락'을 이야기하고 있게 될지도 모른다.

이렇듯 불과 10년 뒤의 일도 예측하기 어려운데 지금의 시점에서 '21세기는 미국의 세기'라고 주장하는 것은 점술(占術)에 가까운 추측이다. 1850년에 미국이 100년 후 세계 최강의 국가가 될 것이라고 예측한 이가 과연 있었을까. 1900년에 세계 소득 5위인 아르헨티나가 100년도 되지 않아 3류 국가로 전락하리라고 예측한 이는 또 있었을까.

사실도 제대로 확인해 보지 않고 단기적 추세에 기초하여 장기적 예측을 끌어내는 것은 어리석은 일이다. 그럼에도 이러한 근거도 박약한 예측에 의해 언어를 포함한 우리 사회의 근간을 뜯어고치자는 주장은 경솔하다고밖에는 할 수 없다.

『문화일보』 1999년 12월 28일

황금기를 맞았다는 미국 경제의 고민

미국 중산층의 수입이 호황으로 1989년 수준을
회복했을 것이라 하지만, 가구당 연간 평균 노동 시간이 247시간
증가한 점을 감안하면 미국 '보통 사람들'의 생활은
지난 10여 년간 악화되었다고 보아야 할 것이다.

지난 몇 년간 미국 경제가 근래에 유례없는 호황을 누리게 되면서 미국이 새로운 황금기(Golden Age)에 돌입했다는 주장이 나오고 있다.

특히 1980년대만 해도 미국을 당장 따라잡을 것같이 보였던 일본 경제가 1990년대에 접어들면서부터 장기 침체를 겪고 있고, 독일을 비롯한 유럽 각국의 경제 성장 역시 둔화되고 있는 만큼, 이제 자본주의 간의 '체제 경쟁'에서 자유 시장 원리에 충실한 미국형 자본주의가 일본·독일과 같은 형태의 '수정 자본주의'보다 우월하다는 사실이 증명된 셈이라고 미국형 자본주의를 선호하는 논자들은 주장한다.

그에 따라 최근 우리나라에서도 이제 본받을 것은 미국형 자본주의뿐이라는 의견이 힘을 얻고 있는 것이 사실이다. 그러나 미국 경제의 성적이 과연 그렇게 뛰어난 것인가?

세계은행(World Bank) 자료에 따르면 국내총생산(GDP) 기준으로 볼 때 미국 경제는 1990년에서 1997년 사이 연평균 3% 성장했다. 일본의 1.5%, 독일의 1.4% 등에 비하면 뛰어난 성적이다. 하지만 미국·일본·독일의 인구 증가율이 각각 1%, 0.5%, 0.3%임을 감안하면 이들 세 나라의 1인당 연평균 성장률은 각각 2%, 1%, 1.1%로 그 격차가 훨씬 좁혀진다. 게다가 독일의 경우 1991년 통일 비용의 부담이 엄청났던 것을 감안하면 미국에 비해 결코 나쁜 성적이라 할 수 없다.

더군다나 비교 기간을 조금만 길게 잡으면 미국 경제의 성적이 결코 좋아 보인다고 할 수 없다. 영국의 유명 경제 주간지『이코노미스트』(The Economist)가 1999년 4월 10일자에 제시한 자료에 따르면 1989년에서 1998년 사이 미국의 1인당 국내총생산 성장률은 불과 1.6%로 같은 기간 일본의 그것과 동일하며, 독일의 1.9%에 비해선 오히려 뒤떨어진다는 것이다.

특히 노동 인구 1인당 국내총생산을 기준으로 한 생산성 향상의 속도를 보면 같은 기간 중 독일이 2.6%의 성장률을 보인 데 반해 미국은 0.9%에 그쳤는데, 이는 1.2%를 기록한 일본보다도 뒤떨어지는 수치이다.

게다가 이러한 경제 성장이 과연 대다수 미국 국민에게 얼마나 보탬이 되었는지도 의문이다. 워싱턴에 위치하고 있는 경제정책연구소(Economic Policy Institute) 자료에 따르면 1989년에서 1996년 사이 미국 중산층 가구의 수입은 2.3% 감소했다고 한다. 경제정책연구소 측은 미국 중산층 가구의 수입이 1997년의 호황으로 1989년 수준을 회복했을 것이라고 추산하고 있지만, 1989년부터 1997년 사이 미국의 가구당 연간 평균 노동 시간이 247시간 증가한 사실을 감안한다면 결국 미국 '보통 사람들'의 생활은 지난 10여 년간 나아졌다기보다는 악화되었다고 보아야 할 것이다.

전체 국민 중 빈곤선 이하 소득자의 비율을 나타내는 빈곤율(Poverty Rate)이 미국 경제의 호황에도 불구하고 1989년의 12.8%에서 1996년 13.7%로 증가한 것도 그런 사실을 반증하는 자료라 할 수 있다.

지난 4~5년간 미국 경제의 성적이 여러 면에서 좋았던 것은 사실이다. 그러나 지금까지 살펴본 바와 같이 그 성적이 새로운 '황금기'를 운운할 만큼 뛰어난 것은 아니며, 그 호황의 과실이 '보통 사람들'에게 널리 퍼진 것도 아니다. 특히 미국 경제가 조정 국면에 들어가면서 경제 성장이 둔화되고 주식 시장의 거품이 꺼질 경우에는 경제 침체까지도 겪을 가능성이 있다는 점을 고려하면, 미국 경제의 새로운 '황금기'는 짧게 끝날 수도 있다.

미국은 여러 가지 문제점에도 불구하고 아직 세계 최고의 생산성을 자랑하는 경제 선진국이다. 우리가 그들에게서 배울 점이 여러 가지로 많다는 것은 재론의 여지가 없다. 하지만 최근 일부에서 이야기하는 것처럼 미국형 자본주의의 성적을 과대포장해 마치 그것이 모든 나라들이 따라야 할 모범인 것처럼 말하는 것은 옳지 않다. 배울 것은 철저히 배워야 하지만, 자신이 배우고자 하는 것이 정확히 무엇인가를 잘 알고서 배울 필요가 있는 것이다.

『한국일보』 1999년 6월 3일

'두 얼굴의 미국'에서 무엇을 배울 것인가?

미국의 경우 절대적 경제 우위를 확립한 제2차 세계대전 이후
전반적으로는 자유 무역을 추구했는지 몰라도, 자신들의 국익이
걸린 부분에 대해서만큼은 철저한 보호주의적
정책을 펼쳐 왔다.

최근 전면적 개방화가 진전되면서 우리 경제에 선진국, 특히 미국의 정책과 제도가 급격히 도입되고 있다.

그 과정에서 우리는 흔히 미국에서 배운다는 것을 시장 개방·규제 완화와 동일시하는데, 미국의 역사를 조금만 살펴보면 이는 아주 잘못된 관념이라는 것이 드러난다.

미국은 건국 초기에 일시적으로 자유 무역을 추구했는데, 이는 당시 스미스를 비롯한 영국의 저명한 경제학자들의 "미국은 농산물을 수출하고 공산품은 유럽에서 수입해 써야 한다."는 충고와 일치하는 것이었다.

그러나 그때부터도 벌써 많은 미국인들은 선진국인 영국과의 경

139

쟁 속에서 제조업을 키우려면 보호 관세가 필요하다는 주장을 펴고 있었다. 미국의 초대 재무장관 해밀턴(Alexander Hamilton)이 이러한 주장의 선구자였는데, 그는 세계 최초로 유치 산업 보호론을 창시한 인물이었다.

해밀턴을 비롯한 당시의 많은 미국 논객들은 영국에 대해 18세기에 유치 산업 보호를 통해 성장하고도 자신들의 경제적 우위가 확립된 다음에는 자유 무역을 설교하는 위선적 태도를 보이고 있다고 비판했는데, 그들의 주장이 점차로 힘을 얻게 되는 19세기에 접어들면서부터 미국은 점차로 제조업 관세를 올리기 시작한다.

그러나 농업 지역인 남부의 주들은 미국의 이러한 보호 무역 정책을 반대했다. 자신들은 관세 보호로 득을 보게 되는 제조업체가 있는 것도 아닌데, 고율의 수입 관세 때문에 질 좋은 유럽산 공산품 대신 질 낮은 미국 북부산 공산품을 사용해야만 한다는 것은 부당하다는 근거에서였다. 하지만 의회를 장악한 북부의 주들은 제조업을 발전시키지 않으면 미국은 영원히 후진국으로 남을 것이라며 고율의 보호 관세 체제를 지속시켰다.

관세 문제를 둘러싼 이 같은 남북 갈등은 1820년대부터 시작되었다. 그런데 거기에 노예 문제까지 겹쳐지면서 대립이 격화되었고, 그 결과 일어난 것이 1861년의 남북전쟁이다. 우리의 경우 흔히 남북전쟁이 단순히 노예 문제 때문에 일어난 것으로 알고 있지만, 사실 남북 대립에서 보다 더 중요한 문제는 무역 정책이었던 것이다.

남북전쟁이 시작된 것은 1860년 대통령 선거에서 공화당의 링컨

후보가 당선되자 그에 반발한 남부가 독립을 선언하면서부터이다. 그런데 링컨의 경우 노예제에 찬성하지는 않았지만, 흑인들은 인종적으로 열등하다고 믿고 노예 해방이 비현실적이라고 생각한 인물이었다. 따라서 남부 입장에서 보자면 크게 걱정할 인물은 아니었다. 하지만 링컨은 유명한 유치 산업 보호론자였다. 게다가 1860년 대통령 선거전에서 공화당의 경우 자유 무역은 미국이 아닌 영국에 더 득이 된다며 남부에 기반을 둔 민주당을 '영국당'(British Party)이라고 비난하기까지 했다. 그러니 남부 입장에서는 링컨이 대통령이 되면 관세를 급격히 올리게 될 것이라고 두려워하지 않을 수 없었던 것이다.

남북전쟁에 승리한 뒤 링컨 대통령은 ─ 남부가 두려워했던 대로 ─ 관세를 세계 최고 수준으로 올렸고, 이러한 초고율(超高率) 관세는 이후 제2차 세계대전 때까지 80여 년간 지속되었다. 게다가 이 기간 동안 미국은 외국인 투자도 엄격히 제한했다. 해운업에 외국인 투자를 금지했고, 외국인의 토지 소유나 채광권·벌목권 등에 대해 엄격히 규제했다. 그리고 은행의 경우에는 미국에 영주하지 않는 외국인 주주들에게는 투표권조차 주지 않았고, 외국인은 아예 이사가 될 수 없도록 했다.

미국이 자유 무역을 옹호하기 시작한 것은 자국이 절대적 경제 우위를 확립한 제2차 세계대전 이후의 일이다. 그때도 미국은 전반적으로는 자유 무역을 추구했는지 몰라도, 자신들의 국익이 걸린 부분에 대해서는 철저한 보호주의적 정책을 펼쳐 왔다. 농업 부문에 대한 엄청난 보조금과 섬유 산업의 쿼터제, 철강 부문의 반덤핑 제재 등이 그 좋은 예라 할 수 있다.

산업 정책의 경우에도 미국은 다른 나라들에게는 '해서는 안 되는 일'이라고 설교하면서도 정작 자신들은 눈에 보이지 않게 여러 가지 형태로 산업 정책을 시행해 왔다. 항공·컴퓨터·반도체 등 첨단 기술 분야에서 미국이 보이고 있는 우위는 막대한 국방 산업 연구 개발(R&D) 지원 덕분이며, 제약이나 생명공학의 경우에는 국립보건연구원(NIH)을 통한 적극적인 연구 개발 지원에 힘입은 바가 크다고 할 수 있다.

그렇다면 진정으로 우리가 미국으로부터 배워야 할 것은 시장 개방과 규제 완화가 아니라, 그 나라가 추구해 온 철저한 경제 민족주의라 할 수 있다. 자국 이익에 대한 뚜렷한 인식을 가지고 필요에 따라 한편으로는 보호와 규제, 다른 한편으로는 개방과 자유화를 기술적으로 구사할 수 있는 지혜가 필요한 셈이다.

『문화일보』 2003년 2월 24일

누구를 위한, 누구에 의한 무역 협상인가?

강대국들이 자신들의 국익만을 우선시하는 태도로 임한다면,
약소국들은 협상 결과에 적극적으로 협조할 도덕적 책임감을
느끼지 않을 것이며, 그 결과 진정으로 협력적인
국제 질서를 구축하기란 불가능할 것이다.

1994년 종결된 우루과이 라운드(UR)에 이어 또 한 차례의 대규모 다자 간(多者間) 무역 협상이 다가오고 있다. 미국의 시애틀에서 시작되어 2003년까지 계속될 예정인 소위 '시애틀 라운드'(뉴라운드)가 그것이다.

시애틀 라운드는 시작도 하기 전부터 벌써 여러 가지로 진통을 겪고 있다. 가장 문제가 되고 있는 것은 미국의 고압적이고 비신사적인 협상 태도이다. 하지만 가장 커다란 물의를 일으킨 것은 시애틀 라운드의 협상을 위한 의제를 결정하는 비공식 회의의 의장인 나이지리아 대표 음츄모(Ali Mchumo) 대사가 이달 초 제출한 의제 초안이다. 거기서는 미국이 원하는 농업 및 서비스업의 개방 문제는 부각

되어 있는 반면 미국에 불리한 반덤핑법의 남용 문제는 회피되어 있다.

이 같은 의제 초안에 대해 ─ 음츄모 대사와 미국 측은 강력히 부인하고 있지만 ─ 제네바 외교가에서는 미국이 음츄모 대사에게 자국에게 유리한 방향으로 협상 의제를 설정하도록 상당한 압력을 행사했다는 것이 공공연한 비밀로 되어 있다.

미국·호주·아르헨티나 등 대규모 농업 수출국들을 제외한 거의 모든 나라가 자신이 내놓은 의제 초안에 이의를 제기하고, 한국·일본·스위스·노르웨이 등이 농업 개방 문제에 대해 공동으로 대안적 의제 초안을 제시하는 사태가 벌어지자 음츄모 대사는 21일 급기야 수정안을 내놓기에 이르렀다.

이 수정된 의제 초안에 대해서도 불만을 표시하는 나라가 많기는 하지만, 일단 아쉬운 대로 이를 토대로 협상 의제를 마련해 보자고 합의되면서 이 사건은 일단락되었다. 하지만 이번에 미국이 보여 준 행동에 환멸을 느낀 다른 나라들이 과연 앞으로 진행될 협상 과정에 얼마나 신뢰를 가지고 임할지는 의문이다.

국제 무역 협상에서 충돌이 많이 일어나는 것은 서로 다른 도덕적 믿음과 법 체계, 경제적 이해를 가지고 있는 나라들 사이에서 '경기의 규칙'(rules of the game)에 관해 뚜렷한 합의를 도출하는 것이 불가능하기 때문이다.

국제 무역 협상에서 강대국들이 자신들에게 유리하도록 경기의 규칙을 정하는 것이 가능하게 되는 것도 그런 배경 때문인데, 이번에 미국이 보여 준 행동은 그 극단적인 사례라 할 것이다.

하지만 다른 선진국들이라고 해서 사정이 미국과 크게 다르지도 않다. 가령 스위스·일본 등 미국의 농업 개방 압력에 반대하는 선진국들도 제조업 부문에 오면 자유 무역론을 내세우면서 후진국들에게 제조업 보호 정책을 철폐하거나 급격히 완화할 것을 요구하곤 하는 식이다.

그런 선진국들의 태도에 대한 후진국들의 불만은 대단하다. 대부분의 선진국들이 산업화 초기에는 관세나 보조금 등을 통하여 자국의 유치 산업을 보호해 놓고서는 이제 와서 타국의 유치 산업 보호를 강력히 제재하려 하고 있는 탓이다.

일본이나 우리나라가 유치 산업 보호를 통해 산업화에 성공한 것은 주지의 사실이지만, 자유 무역의 수호자 행세를 하는 미국마저도 남북전쟁 이후부터 제2차 세계대전 때까지 100여 년 이상의 기간을 세계에서 가장 높은 관세율을 자랑하며 유치 산업 보호에 주력했던 '어두운 과거'를 가지고 있음에 비추어 볼 때, 많은 후진국들이 선진국들의 태도가 위선적이라고 느끼는 것도 그리 무리는 아니라 할 수 있다.

국제 무대에서 어느 나라나 자기 국익을 우선시하는 정책을 추구하는 것은 당연한 일이다. 그러나 강대국들이 약소국들의 이해관계를 완전히 무시하고 자신들의 국익만을 우선시하는 태도로 국제 협상에 임한다면, 약소국들은 협상 결과가 나온다 하더라도 그것을 힘의 논리에 기초한 것으로 보고 적극적으로 협조할 도덕적 책임감을 느끼지 않을 것이며, 그러한 상황에서 진정으로 협력적인 국제 질서를 구축하기란 불가능할 것이다. 커다란 힘을 가진 자일수록 그 힘을 더 겸허한 자세로 행사해야 한다는 국내 정치의 교훈이 국제 무대에서도 적용되는 것이다.

『한국일보』 1999년 10월 28일

한미 투자협정에 무슨 이득이 있는가?

일부에서는 한미 투자협정만 체결되면 미국의 투자가
급증할 것이라고 주장한다. 그러나 외국인 투자를 장려하는 세계은행
조차도 연례보고서를 통해 쌍무투자협정이 외국인 투자를
증대시킨다는 증거가 거의 없다고 인정했다.

최근 한미 투자협정과 관련해 현재 극장에서 연간 일정 기간 이
상 한국 영화를 의무적으로 상영하도록 규정하고 있는 '스크린 쿼터
제' 문제가 다시 불거지고 있다.

일각에서는 스크린 쿼터제를 시장 원리를 해치는 국수주의적 규
제로 몰아붙이지만, 달리 생각해 보면 막강한 자본력과 전 세계적 배
급망을 갖춘 미국의 영화 산업에 비해 아직 '유치 산업' 수준인 우리
영화 산업을 보호·발전시키기 위해 필요한 제도이기도 하다.

사실 지난 몇 년간 한국 영화 산업이 보여 준 눈부신 발전이야말
로 스크린 쿼터제가 성공적인 정책이었다는 증거라 할 것이다. 만일
미국의 압력에 굴복하여 스크린 쿼터제를 1990년대에 철폐했더라면

우리 영화 산업의 오늘날과 같은 모습은 보기 어려웠을 것이다.

그런데 여기서 한 가지 주목해야 할 점은 유치 산업 보호의 원조가 사실은 미국이라는 것이다. 후진국 정부는 관세·보조금·쿼터 등으로 신흥 산업을 보호해야 한다는 '유치 산업 이론'을 처음 체계화시킨 것이 바로 미국 초대 재무장관 해밀턴(Alexander Hamilton)이었고, 19세기 중반부터 제2차 세계대전 때까지 세계 최고율의 관세를 부과함으로써 자국의 산업을 철저히 보호해 결국에는 영국을 추월하고 세계 최강의 경제를 건설한 나라가 바로 미국이기 때문이다.

물론 유치 산업 보호론의 핵심은 해당 산업이 성숙하면 보호를 철폐한다는 것이다. 따라서 영화 산업이 성숙하면 스크린 쿼터제를 철폐할 수도 있다. 그러나 우리 영화 산업이 아직도 완전히 성숙했다고 보기는 힘든 만큼 스크린 쿼터제 철폐는 시기상조라 할 수 있다. 게다가 문화 산업의 특수성과 헐리우드의 독점적 위치를 고려할 때 우리 영화 산업이 성숙하더라도 과연 스크린 쿼터제를 완전 폐지해야 할 것인지는 의문이다.

그러나 다른 무엇보다도 우선 짚고 넘어가야 할 사항은 우리가 스크린 쿼터제를 포기하기까지 하면서 체결하고자 하는 한미 투자협정이 과연 우리나라에 어떤 이득을 줄 것인가 하는 점이다.

만일 이 협정이 우리나라에 엄청난 이익이 된다면 영화 산업을 희생하고서라도 체결할 수 있을 것이다. 하지만 문제는 그렇지가 않다는 것이다.

일부에서는 한미 투자협정만 체결되면 우리나라에 대한 미국의 투자가 급증할 것이라고 주장한다. 그러나 이는 근거 없는 이야기이다. 외국인 투자를 장려하는 세계은행조차도 2003년에 내놓은 연례 보고서(Global Economic Prospects and the Developing Countries 2003)를 통해 쌍무투자협정(BITs; Bilateral Investment Treaties)이 외국인 투자를 증대시킨다는 증거가 거의 없다고 인정했다.

반면 이 협정이 체결되면 우리에게는 어떤 불이익이 생기는가. 일단 미국인 투자자들을 내국인 투자자와 똑같이 대우해야 한다. 만일 그 과정에서 외국인 투자자의 이익과 우리의 국익이 상충할 때에는 어떻게 해야 하나. 별다른 방법이 없다. 미국식 쌍무투자협정에 따르면 우리 정부에 이를 조정할 수 있는 권한이 없기 때문이다. 게다가 미국식 쌍무투자협정의 경우 상대적으로 문제가 적은 직접 투자뿐만 아니라 주식 등 간접 투자까지 보호할 것을 요구하게 되어 있는데, 그 경우 투기성 자본에 대한 통제까지도 불가능해질 수 있다.

미국식 쌍무투자협정은 또한 정부 규제로 외국인 투자자가 손해를 보게 되면 그에 대한 손해배상을 정부에 직접 청구할 수 있도록 하는 '독소 조항'을 포함하고 있는데, 그에 대해서는 앞서 인용한 세계은행 보고서조차도 큰 우려를 표명하고 있을 정도이다.

무역 정책에서와 마찬가지로 외국인 투자 문제에 있어서도 미국의 태도는 이율배반적이다. 자국이 자본 수입국이던 20세기 초까지만 해도 미국은 외국인 투자를 엄격히 규제했다. 해운업에 대한 외국인 투자는 아예 금지돼 있었으며, 농지와 채광권·벌목권에 대한 외국인 투자도 엄격히 규제됐다. 은행의 경우 외국인은 이사가 될 수 없었으며, 국책 은행의 경우에는 아예 외국인 주주의 투표권 행사마저 금지되어 있었다. 심지어 19세기 말 새로운 세계적 금융 중심지로 떠오르던 뉴욕 주는 은행업이라는 '유치 산업' 보호를 위해 1886년 외국 은행의 업무를 제약하는 법을 도입하는가 하면, 1914년에는 아예 외국 은행의 지점 설치를 금지하기까지 했을 정도였다. 지금 논의되고 있는 한미 투자협정 상의 기준으로 보면 어림도 없는 정책들이 바로 미국에 의해 저질러진 것이다.

미국이 19세기에 보호 무역을 하고 외국인 투자를 제약한 것은 그것이 당시 선진국을 추격하는 입장이었던 자국의 이익에 부합했기 때문이고, 지금 자유 무역과 쌍무투자협정을 외치는 것은 그것이 현재 국익에 도움이 되기 때문이다.

우리의 입장에서도 한미 투자협정이 우리 국익에 도움이 된다면 스크린 쿼터제를 과감히 희생할 수 있다. 그러나 우리에게 득보다는 실이 더 많을 것으로 보이는 이 협정을 따내기 위해 우리에게 아직도 필요한 스크린 쿼터제를 포기해야 한다는 것은 납득할 수 없는 주장이다.

『문화일보』 2003년 6월 25일

'글로벌 스탠더드'를 바로 알아라

글로벌 스탠더드, 즉 국제 기준을 주장하는 사람들은 자신들이
옹호하는 정책이나 제도가 마치 대부분의 선진국에서 쓰이는 것처럼
이야기한다. 하지만 사실 이는 영미계 국가, 특히
미국에서만 쓰이는 경우가 대부분이다.

영국을 대표하는 신문은 『더 타임스』(The Times)인데, 그 명칭을 우리말로 번역한다면 '신문' 또는 '일보(日報)' 정도가 될 것이다. 신문이 자기들만 있는 것도 아닐 텐데 어떻게 그런 이름을 쓸 수 있을까. 영국에서는 자신들이 최고이고, 영국은 세계의 중심이니, '신문' 하면 자기들이라는 오만에서 나온 것이다.

미국을 대표하는 신문은 『뉴욕 타임스』(The New York Times)이다. 그런데 요즘 미국에는 이를 그냥 '타임스'라 부르고, 영국의 『더 타임스』는 '런던 타임스'라고 부르는 사람이 많다. 이제는 뉴욕이 세계의 중심이니 '신문'이라고 하면 뉴욕 타임스라는 이유에서이다.

미국과 영국의 이런 오만은 요즘 세상을 풍미하는 '글로벌 스탠

더드'(global standard)론에서도 찾아볼 수 있다. 글로벌 스탠더드, 즉 국제 기준을 주장하는 사람들은 자신들이 옹호하는 정책이나 제도가 마치 대부분의 선진국에서 쓰이는 것처럼 이야기한다. 하지만 사실 이는 영미계 국가, 특히 미국에서만 쓰이는 경우가 대부분이다.

가령 산업 정책 문제를 예로 들어 보자. 자유방임이 국제 기준으로 여겨지지만, 일본·프랑스·핀란드·노르웨이·오스트리아 등 개입주의적 정책을 시행하는 나라도 적지 않다. 또 요즘 민영화가 국제 기준으로 여겨지지만, 일본을 제외하고는 위에 언급한 모든 나라에서 공기업들이 경제 발전의 첨병 역할을 했고, 오스트리아의 경우에는 아직도 공기업 지주 회사가 최대의 기업 집단이다.

반면 우리가 지금 기업 지배 구조의 국제 기준으로 여기는, 지배 주주가 없고 이사회가 대부분 사외이사로 이루어진 구조는 미국에만 존재한다. 스위스·스웨덴·독일·이탈리아 등은 지배 주주가 확실히 있고, 일본의 경우는 소유는 분산돼 있지만 관련 기업 간에 우호 지분이 확보돼 있어 지배 주주가 있는 것과 마찬가지이다. 또 미국을 제외한 대부분의 나라에서 사외이사는 수도 적고 그 역할도 미미하다.

그렇다면 노동 시장의 경우에는 어떠한가. 종신고용제를 택하고 있는 일본은 말할 것도 없고, 노조 조직률이 80~90%에 이르는 북유럽 국가들이나 오스트리아 등은 미국식 노동 시장 유연화론에 따를 것 같으면 이미 망했어야 할 나라들이다.

여기서 한 가지 주목해야 할 사항은, 영미식 국제 기준에 의하면

'잘못된' 정책과 제도를 쓴 나라들이 대부분 20세기 경제 우등생이라는 점이다. 제2차 세계대전 이후 1980년대까지 경제협력개발기구(OECD) 국가 중 성장률 1위부터 6위는 일본(6%), 오스트리아(3.9%), 독일(3.8%), 이탈리아(3.7%), 핀란드(3.6%), 노르웨이(3.4%) 등이었고, 미국(1.9%), 캐나다(2.0%), 호주(2.1%), 영국(2.2%로 스위스와 동률) 등 영미계 국가는 뒤에서부터 1~4등을 차지했다.

물론 1990년대에 영미계 국가들이 미국(2.2%), 캐나다(1.9%), 호주(2.9%), 영국(2.1%) 등으로 일본(1%), 독일(1.2%), 프랑스(1.3%) 등에 비해 경제 성장률이 높았던 것은 사실이지만, 그 이전의 부진을 만회하기엔 어림도 없다. 게다가 노르웨이(3%), 핀란드(2.4%), 네덜란드(2.3%) 등은 1990년대에도 대부분의 영미계 나라보다 높은 경제 성장률을 보였다.

경제 성장률을 떠나 과연 미국이 우리가 본받아야 하고 본받을 수 있는 나라인지에 대해서도 생각해 볼 필요가 있다. 미국은 구매력 기준으로는 1인당 국민소득이 세계 최고이지만, 유럽의 선진국들보다 노동 시간이 10~30% 가량 많다. 노동 시간당 소득은 상당수 유럽 국가보다 낮은 것이다.

또 노동 시간이 긴 만큼 레저 생활을 즐길 수 있는 시간이 짧아 소득에 비해 생활의 질이 높지 않을 뿐만 아니라, 빈부 격차가 크고 인구 대비 수감자 수도 세계 1, 2위를 다툴 정도로 범죄도 많다. 여기에 더해 미국의 경우 방대한 국토, 세계 최고의 지하자원 보유량, 우리의 5배가 넘는 인구에 기초한 광대한 시장, 끝없는 이민의 공급 등 우리가 따르고 싶어도 따를 수 없는 특수한 조건이 너무 많다.

글로벌 스탠더드를 따르는 것은 사실상 미국을 따르는 것임을 알아야 한다. 물론 미국에서 배울 점이 없다는 것은 아니다. 하지만 그 중에서 과연 어떤 것이 우리가 진정 배워야 할 것이고, 배울 수 있는 것인지 잘 생각해 볼 필요가 있다.

『동아일보』 2004년 6월 16일

누구를 위한 재벌 개혁인가?

특히 재벌 개혁 문제에 대해서는 발상의 대전환이 필요하다.
이대로 재벌 개혁을 하다가는 국민 경제의 장기적 기반이 파괴되는
상황이 올 수도 있다. 빈대 잡으려다 초가삼간 태우는
우를 범하지 않도록 해야 한다.

최근 SK 사건을 계기로 지난 5년간의 경제 개혁이 우리 경제를 국제 투기 자본의 위협에 무방비 상태로 노출시키는 결과를 가져왔다는 지적이 나오면서 현재 추진되고 있는 경제 개혁의 방향이 과연 옳은 것인지에 대해 의문이 제기되고 있다.

현재 많은 사람들은 경제 개혁의 초점을 재벌 개혁에 맞추고 있다. 그리고 이는 재벌이라는 구조가 과다한 차입 경영, 무분별한 다각화, 피라미드식 출자 등의 '부당한' 수단을 통한 '가공 자본'의 창출 등에 기초한 기형적인 기업 구조라는 인식에 기초하고 있다.

그러나 이런 분석에는 많은 문제점이 있다.

우리나라 기업들, 특히 재벌 기업들이 금융 기관을 통한 차입에

의존하는 방식으로 성장해 온 주된 원인은 많은 사람들이 흔히 생각하는 대로 소유권 약화를 꺼린 기업들이 주식 시장을 통한 자금 동원을 기피한 결과일 수도 있지만, 자본 축적의 역사가 일천한 관계로 기업 내부 자금이 절대적으로 부족했던 데에도 원인이 있다.

게다가 비율로 따져 볼 때 우리 기업들은 선진국 기업보다 주식 시장을 통해 더 많은 자금을 동원했다. 1970~1980년대에 걸쳐 우리 기업들이 신주 발행을 통해 조달한 자금은 총 자금의 13.4%로 이는 미국(-4.9%), 독일(2.3%), 일본(3.9%), 영국(7%) 등 주요 선진국에 비해 훨씬 높은 수치인 것이다.

또 고도의 차입 경영은 우리나라에만 국한된 사항도 아니다. 흔히들 350~400%라는 우리 기업들의 부채 비율이 병적으로 높은 것이라 생각하지만, 일본도 고도 성장기에는 500%대의 부채 비율을 기록했다. 또 우리나라의 부채 비율이 366%였던 1980년대에도 스웨덴(555%), 노르웨이(538%), 핀란드(492%)의 부채 비율은 우리나라보다 훨씬 높았으며, 프랑스(361%), 이탈리아(307%)도 우리와 유사한 부채 비율을 유지하고 있었다.

여기서 한 가지 주목해야 할 사항은 이 시기 부채 비율이 높은 나라들이 부채 비율이 낮은 영국(148%)이나 미국 (179%)보다 경제가 훨씬 더 잘 돌아갔다는 점이다. 이와 반대로 브라질(56%), 멕시코(82%) 등은 미국이나 영국보다도 부채 비율이 월등히 낮았음에도 경제 사정은 더 힘들었다. 부채 비율 자체가 문제가 아니라는 증거라 할 수 있다.

재벌 개혁을 바라보는 빗나간 시각들

다각화의 문제도 다시 생각해 보아야 한다. 지금은 '전문 기업'이 미덕인 것처럼 여겨지지만, 기업의 다각화는 위험을 분산하여 적극적 투자를 가능하게 하고, 기존 계열사로부터의 보조를 통해 새로운 산업에 진출하는 것을 돕는 장점이 있다.

한번 가정해 보자. 우리 기업들이 만일 전문화만 추구하였다면 반도체, 조선, 자동차 등 현재 우리나라 주축 산업들이 과연 지금과 같은 모습을 보일 수 있었을 것인지를. 물론 재벌들이 중소기업의 영역까지 침범하는 것은 문제가 있지만, 그렇다고 다각화 자체를 죄악시할 필요는 없는 것이다.

피라미드형 출자 등을 통한 '가공 자본'의 창조도 나쁘게만 볼 수는 없다. 이러한 '가공 자본'은 내부 자금이 절대적으로 부족한 우리 기업들이 적극적인 투자를 하는 것을 가능하게 해 주었기 때문이다. 게다가 현대 자본주의 사회에서 어차피 자본은 기본적으로 '가공적'인 것이다. 정부가 시중 은행의 지불 준비율만 조절해도 자본이 생겼다가 없어졌다 할 수 있고, 우리가 그토록 배우고 싶어 하는 '선진 금융 기법'의 핵심이 '더 효율적인 가공 자본의 창조'인 마당에 자본의 가공성을 공격하는 것은 문제가 있다. 따라서 가공된 자본이 부당한가 아닌가는 가공성 자체보다는 그것이 얼마나 소득과 고용을 창출하는가에 의해 판단할 필요가 있다.

157

금융 개혁, 기업 금융 고갈 불러

재벌 개혁과 함께 추진된 금융 개혁이 금융 기관의 안정성과 수익성 제고를 강조하는 방향으로 전개되면서, 금융 기관들이 상대적으로 위험성이 높은 기업 금융을 전면적으로 회피하게 되었다. 그리고 그 결과 우리나라 기업들의 금융 기관을 통한 자금 조달 규모는 대폭 줄어들었다.

1996~1997년 기간 동안 우리나라 기업들은 ─ 은행 및 비(非)은행 모두를 포함한 금융 기관으로부터의 차입이나 주식 발행, 회사채 발행 등을 통해 118조 원의 외부 자금을 조달하였는데, 1998~2001년에는 이것이 불과 31% 수준인 49.4조 원 수준으로 줄어들었고, 특히 금융 기관 차입 분은 1996~1997년 연평균 38.3조 원에서 1998~2001년 연평균 -0.2조 원으로 완전 증발하였다. 결국 대규모 주식을 발행할 수 있는 일부 대기업을 제외한 여타 기업들은 거의 외부 자금을 동원할 수 없게 된 것이다.

설령 주식 발행을 통해 자금을 동원할 수 있는 대기업들이라 하더라도 외국인 소유 주식의 비율이 높아지면서 투자에 점점 더 제한을 받고 있다. 외국인 주식 소유자는 주로 투자신탁이나 연기금 등 기관 투자가들인데, 이들의 경우 기업의 장기적인 성장보다는 배당금이나 주가 차액 등의 이득에 관심이 많은 관계로 장기성 대규모 투자를 싫어하는 경향이 높기 때문이다.

우리 경제의 투자율이 1990~1997년의 경우 평균 국민소득의

37%에 달하던 것이 1998~2002년의 경우 26% 미만으로 급격하게 떨어진 것은 이런 현실이 반영된 결과라고 할 수 있다. 아직도 당분 간 자본 설비와 기술 개발에 더 많은 투자가 필요한 우리나라 입장에 서 이 같은 투자율의 급격한 감소는 우려되는 일이 아닐 수 없다. 그 런데다 최근 SK 사건에서 볼 수 있듯 자본 시장이 완전 개방되고 인 수·합병이 자유화되면서 재벌들은 외국계 자본에 의한 적대적 인 수·합병 위협에 노출된 상태이다.

이런 걱정을 하고 있으면 많은 사람들이 '감상적인 민족주의적 발상'이라고 비판한다. 또 '1960년대식 종속 이론의 부활'이라고도 한다.

그러나 이것은 단순히 감상적인 이야기가 아니다. 실증적 자료에 기초한 이야기인 것이다.

세계화의 진전으로 이제 국적을 초월했다는 초국적 기업들의 경 우에도 전략 수립, 연구 개발, 브랜드 관리, 고부가가치 상품 생산 등 핵심 기능은 아직도 거의 전부가 본국에서 행해지고 있다. 최고 경영 진도 대부분 본국인이다. 1998년 독일의 다임러 벤츠(Daimler-Benz) 그룹이 미국의 크라이슬러(Chrysler)를 인수했을 때 처음에는 양 사 의 동반자적 결합이라며 이사회에 독일인과 미국인을 동수로 내세웠 다. 하지만 합병 후 4년이 지난 지금 이사 14명 중에 미국인은 2명뿐 이다.

하지만 이 모든 것보다도 "자본에는 국적이 없다."고 외치는 선진 국들조차 자기 나라 경제의 대외 방어력이 떨어진다고 생각되면 서

습없이 외국 자본을 규제해 왔다는 사실을 염두에 둘 필요가 있다.

주주 자본주의 '득보다 실이 많다'

그러나 현재 재벌 개혁에서 가장 우려되는 것은 그 궁극적 목표가 주주 자본주의(shareholder capitalism)라는 점이다.

주주 자본주의는 기업은 주주의 소유물인 만큼 주주의 이익을 위해 운영되어야 한다는 전제에 기초하고 있다. 하지만 기업의 주인이 주주라는 것은 법적인 해석일 뿐이고, 실제로 영미계 나라들을 제외한 대부분의 선진국에서는 주주란 직접 금융의 조달자로서 경영진·노동자·채권자·하청업체·지역사회 등 여러 이해당사자(stake-holder) 집단 중의 하나에 불과하다고 보는 견해가 지배적이다.

또 주주 자본주의가 제대로 기능하기 위해서는 주식 시장이 정확히 기업의 장기적 가치를 파악할 수 있어야 한다. 그러나 18세기 초 영국의 동인도회사 주식에 대한 투기부터 시작하여 20세기 말 세계를 휩쓴 인터넷 거품까지 지난 300여 년에 걸친 자본주의의 역사는 주식 시장이 기업 가치의 판단에 있어 얼마나 비효율적일 수 있는지를 극명하게 보여 준다.

더욱이 기업의 실적이 분기별로 평가되는 주식 시장의 속성상 '단기주의'(short-termism)의 만연은 불가피할 수밖에 없는데, 이는 결국 설비와 기술에 대한 꾸준한 투자를 통한 경영을 어렵게 한다는 점을 주지할 필요가 있다. 그리고 그와 함께 1990년대 초까지만 해도 미국이나 영국에서 주식 시장의 단기주의로 인해 기업 경쟁력이 저하될 것이라는 우려가 팽배했었다는 사실도 기억할 필요가 있다.

결론적으로 말해 주주 자본주의의 추구는 기업의 장기적 발전에 좋지 않다. 대부분의 주주들이 기업의 장기적 성공에 따른 이익보다는 단기적 배당이나 주가 차액 이익만을 추구하기 때문이다. 그런 식으로 하나하나 따져 나가다 보면 주주 자본주의는 장기적으로 주주들에게마저도 좋은 것이 아니다. 주주의 단기적 이익만 추구한 결과 장기적으로 기업의 성장과 발전이 제약되면서 주주들 역시 결국은 손해를 볼 수밖에 없기 때문이다.

그러나 여기서 다른 무엇보다 중요한 것은 주주 이익의 추구가 과연 국민 경제 전체에 득이 되느냐는 점이다. 주주 자본주의는 글자 그대로 주주의 이익을 추구하는 체제이다. 따라서 주식 시장이 교과서적으로 돌아간다고 해도 주주의 이익과 사회적 이익이 일치한다는 보장은 없다. 주주 자본주의가 강화된 1980년대 이후 영미계 국가에서 대량 해고, 고용의 불안정화, 소득 분배의 악화 등이 급증한 것은 주주의 이익과 다른 사회 성원들의 이익이 불일치할 수 있다는 좋은 증거일 것이다.

게다가 주주 자본주의는 경제 성장을 위해서도 좋지 않다. 주주 자본주의 국가인 영국이나 미국이 지난 반세기 동안 소득 분배뿐만 아니라 경제 성장 면에서도 '열등생' 이었다는 점을 잊어서는 안 된다. 미국은 제2차 세계대전 직후 경제적으로 단연 1위 국가였지만, 그 상대적 지위는 계속 낮아져 왔다. 1990년대 말의 소위 미국 경제의 '부활'도 주식 시장의 거품에 힘입은 반짝 경기에 불과했다. 또 주주 자본주의의 원조라 할 수 있는 영국은 유럽연합 15개국 중 밑에서 5등 안에 드는 2류 국가로 전락하였다.

감시 기능 강화를 전제로 재벌 체제 인정

그렇다면 현재 추구되고 있는 재벌 개혁에 대한 대안은 무엇인가? 한마디로 재벌 체제의 장점이 있다는 것을 인정하고, 주주의 이익만이 아닌 국민 경제의 이익을 위해 그 장점을 살리면서 단점을 억제하는 것이다.

재벌 체제의 장점은 위에서도 말한 대로 경영권의 중앙 집중, 대규모 자금 동원력, 위험 분산 능력 등을 통해 적극적인 투자가 가능해 비교적 쉽게 새로운 산업으로 진출할 수 있다는 점이다. 물론 이는 그만큼 위험도 큰 체제이다. 계열 기업 간의 상호 보조를 통해 단기적으로는 이익이 없더라도 장기적으로 전망 있는 산업을 키울 수 있지만, 장기적으로도 채산성이 없는 기업을 계열사 간 보조를 통해 지탱할 수 있게 해 줌으로써 부실을 장기화하는 것은 물론 자칫 계열사 전체의 연쇄 부실까지 가져올 수 있다. 또한 총수에게 권한이 집중되어 대규모 투자를 과감, 신속하게 할 수 있다는 커다란 강점이 있지만, 투자가 실패할 경우에는 치러야 할 대가 또한 매우 크다.

이러한 재벌 체제의 단점을 막기 위해서는 현재 추진되고 있는 개혁 과제인 회계의 투명성 제고, 사외이사 제도의 도입, 소액 주주

권한의 강화 등을 통한 외부 감시 기능을 제고하는 것도 도움이 될 수 있다. 그러나 그보다 더 중요한 것은 종업원, 거래 은행, 하청업체 등 기업의 내부 사정을 잘 아는 이해 당사자들에 의한 내부 감시를 강화하는 일이다. 많은 주주들은 사실상 자신들이 투자한 기업의 사정을 잘 모르는 국외자이기 때문이다.

하지만 다른 무엇보다도 중요한 것은, 총수의 이익과 주주의 이익뿐만 아니라 주주의 이익과 사회적 이익이 합치할 수 있게 조정하는 장치를 만드는 것이다. 그와 관련 우리나라 재벌들은 지금까지 국민의 희생을 바탕으로 정부의 보조와 보호 아래 성장한 것인 만큼, 재벌 기업들은 총수 가족의 것도 아니지만 주주들만의 것도 아니라는 것을 명심할 필요가 있다. 재벌 총수를 통제한다면 그것은 국민 전체의 이익을 위해서이지, 주주들만의 이익을 위해서라면 곤란한 것이다.

또 재벌 체제를 유지한다는 것이 꼭 기존 총수 가족의 지배권을 보장해 주어야 한다는 의미도 아니다. 일본의 경우에서와 같이 가족 소유가 없이도 주거래 은행 제도, 관련사 간 상호 주식 소유 등을 통해 재벌 체제의 장점을 유지하는 것이 가능하기 때문이다. 그러나 안정 지분이 확보되지 않은 상태에서 총수 가족에 의한 통제를 단시간 내에 없애려 하면 재벌 구조 자체가 붕괴되고 국민 경제가 외국 자본에 의해 교란당할 수 있다. 때문에 재벌들은 역사적으로 국민들에 대해 자신들이 진 빚을 인정하고 사회적 감시와 통제를 받아들이는 것이 필요하며, 국민들은 이러한 전제 아래 재벌들이 안정 지분을 확보하는 것을 도와주는 정치적 대타협이 필요하다.

재벌들의 안정 지분 확보를 위해서는 출자총액제한을 완화하고, 지주 회사 설립 요건을 완화해 주는 동시에, 은행의 기업 주식 소유를 용인하며, 재벌들 사이의 상호 출자를 시도하고, 국민연기금의 사용으로 '국민 지분'을 만드는 등 여러 가지 방법을 모색할 수 있을 것이다. 물론 재벌들은 그 대가로 주주 자본주의 이론을 기반으로 자신들의 소유권을 주장하며 사회적 간섭을 피하려는 구태를 버리고 사회적 통제를 받아들여야 한다.

산업 정책을 통한 재벌의 사회적 통제

민주 사회에서 기업에 대한 사회적 통제는 정부의 산업 정책을 기반으로 해야 한다. 재벌들이 큰 규모의 투자 결정을 할 때는 정부가 국민 경제적 입장에서 이를 감시·조정해야 하는데, 그 과정에서 부채 비율 규제 등 주주 입장에 입각한 금융적 총량 규제가 아닌, 성장·고용·수출 등 국민 경제적 파급 효과를 다각적으로 고려한 산업 정책적 시각에서 이루어져야 하는 것이다.

산업 정책의 부활을 이야기하면 많은 사람들이 반대한다. 과거에는 경제가 단순하여 정부의 개입이 쉬웠지만 경제가 복잡해진 상태에서 정부 개입은 시장의 효율을 저해한다는 것이 한 이유이고, 국가 개입은 필연적으로 권력 남용과 정경 유착 등의 문제를 낳게 된다는 것이 또 한 이유이다.

경제가 발전되어 민간 부문의 분석력과 집행력이 증대되면서 과거식의 직접적 개입의 필요성이 줄어든 것은 사실이다. 그러나 우리나라는 아직도 선진국에 비해 30~40년씩 뒤떨어져 있는 중진국으로, 아직 정부가 적극적으로 개입할 단계애 있다는 것을 잊어서는 안된다. 또 영국, 미국을 위시한 선진국들도 과거 자신들이 최고 위치에 오르기 전까지는 거의 모두 정부의 보호와 보조 속에 경제를 발전시켰다는 것도 잊어서는 안 된다.

보다 중요한 것은 경제가 복잡해진다고 정부 개입 자체가 불필요해지는 것은 아니라는 점이다. 민간 기업은 그 속성상 자신들의 이익만을 위해 행동하므로 정부가 사회 전체의 이익을 위해 정책적 개입을 할 필요성은 경제 발전 단계에 상관없이 상존하기 때문이다.

경제 발전 단계에 따라 개입의 형태가 달라질 수는 있어도, 개입자체가 불필요한 것은 아니다. 대부분의 선진국 정부들도 주요 기업지분의 일부 소유, 첨단 산업에 대한 연구비 보조, 지역 개발 기금을통한 특정 산업의 간접 지원, 약소국에 대한 통상 압력의 행사, 자국에 투자하는 외국 기업들에 대한 비공식적인 압력을 통한 고용 창출이나 하청 산업 육성 등 여러 방법으로 개입을 지속하고 있다.

마지막으로, 정부의 개입이 꼭 권력 남용이나 정경 유착으로 이어지지 않는다는 것도 지적되어야 한다. 프랑스·노르웨이·핀란드·오스트리아 등 둘째가라면 서러울 정도로 민주주의가 발달하고, 부패도 적은 선진국들이 지난 50여 년간 은행의 국가 소유, 선별적산업 정책, 주요 산업의 국유화, 외국인 투자의 엄격한 제한 등 소위

'한국식' 개입주의적 정책을 추구해서 경제적인 성공을 거두어 왔다는 것을 알아야 한다.

개혁의 방향, 특히 재벌 개혁 문제에 대해서는 발상의 대전환이 필요하다. 이대로 재벌 개혁을 하다가는 국민 경제의 장기적 기반이 파괴되는 상황이 올 수도 있다. 빈대 잡으려다 초가삼간 태우는 우를 범하지 않도록 해야 한다.

월간 『말』 2003년 6월호

PART 4 **아직도 늦은 건 아니다**

후진국 콤플렉스, 이젠 벗어나야

1960년대 초 우리의 1인당 소득은 아프리카 케냐와 비슷하고
가나의 절반 수준이었다. 그런 우리가 사상 유례없는 고도 경제
성장을 통해 선진국 대열의 말석에나마 끼게 되었다.
그 성과 자체를 부정해서는 안 된다.

'새 천년'(New Millennium)을 바라보는 현 시점에서 전 세계적으
로 지난 1,000년을 돌아보는 이야기들이 많이 나오고 있지만 우리나
라 입장에서는 지난 100년이야말로 역사상 가장 파란만장한 시기였
다.

20세기 전반 36년 동안의 일제 식민 통치, 제2차 세계대전, 한국
전쟁 등을 거치면서 우리의 전통 사회는 완전히 해체된 반면 생활수
준의 향상은 거의 없었다.

역사 통계의 세계적인 권위자인 매디슨(Angust Maddison) 교수의
추정에 따르면 1900년에서 1950년 사이 한국의 1인당 소득 증가율
은 연간 0.1%에 불과했다.

그러나 우리나라 입장에서 20세기 후반의 50년은 전반의 50년과는 판이하게 달랐다. 상대적 침체기였던 50년대를 포함한다 하더라도 지난 50년간 우리나라의 1인당 소득 증가율은 연간 6%대에 이르렀는데, 이는 12~13년 만에 소득을 배가해 주는 엄청난 성장률이다. 1960년대 초반 1인당 소득이 아프리카의 케냐와 비슷하고 가나의 절반 수준이었던 우리나라가 이제 선진국 대열의 말석에나마 끼게 된 것은 이러한 고성장 덕분이라 할 수 있다.

한국을 포함한 동아시아 고성장 국가들의 20세기 후반의 경제 성장은 인류 역사상 유례없는 일이었다. 우리가 '모범'으로 삼고 있는 선진 자본주의 국가들의 1인당 소득 연간 증가율이 19세기 산업혁명 때 1% 선, 그리고 1950년에서 1975년 사이의 소위 자본주의 황금기 때 3% 선에 불과했던 사실에 비추어 보면, 우리나라를 비롯한 동아시아 고성장 국가들이 '기적의 경제'로 일컬어지는 것이 이해가 갈 것이다.

그러나 최근 외환 위기를 당한 이후 국내외 전반에 걸쳐 우리가 그동안 이룬 업적에 대해 부정적인 평가가 늘어나고 있다. 우리 경제가 지금까지 이룬 성과는 정치적 탄압과 저임금을 통한 노동 착취에 기반한 것으로, 장기적으로는 지탱 불가능한 '신기루' 같은 것이라는 시각에서이다.

우리가 지난 40여 년간 경제 성장을 이루는 과정에서 엄청난 희생과 부조리, 그리고 갈등이 따랐다는 것을 감안하면 이해가 가는 주장이다. 우리 근로자들은 세계 최장의 노동 시간을 견뎌 냈으며, 군사 독재가 30여 년간 지속되었고, 사회 여러 면에서 부정부패가 만연했던 것이 사실이기 때문이다.

하지만 이러한 사실을 빌미로 우리가 지난 반세기 동안 이룬 업적 자체가 부정되어서는 안 된다.

선진국들의 경우 지금은 사회 모든 면에서 발달한 상태이지만, 산업화를 시작한 지 100여 년의 세월이 지난 20세기 초반까지만 해도 사정은 그렇지 못했다.

아동 노동이 성행하였고, 여성과 저소득층은 투표권조차 없었으며, 근로자들은 8시간의 법정 노동 시간 쟁취를 위해 투쟁하고 있었다. 우리가 산업화를 시작한 지 50여 년 만에 이른 수준에도 훨씬 못 미쳤던 것이다.

물론 선진국들이 예전에 우리와 유사한 단계에 있을 때 우리보다 잘못했다고 우리가 잘못한 일들을 정당화할 수는 없다. 하지만 지금 유행하는 것처럼 우리 것은 대부분 잘못되었고, 선진국들이 하는 것은 무조건 옳다고 하는 것은 바람직하지도 않을뿐더러, 사실과도 다르다는 점을 알아둘 필요가 있다.

지금 우리에게 다른 무엇보다도 필요한 것은 지난 100여 년간의 식민지 지배와 후진국의 설움을 겪는 과정에서 우리 자신도 알게 모르게 가지게 된, 그리고 최근 외환 위기를 통해 증폭된 '후진국 콤플렉스'를 벗어나는 것이다. 그렇게 되어야만 우리가 지금까지 이룬 업적을 우리 스스로 객관적으로 평가할 수 있고, 우리의 제도와 관행 중에 어떤 것이 보존 가치가 있고 어떤 것들을 과감하게 고쳐야 할

지를 냉정하게 판단할 수 있을 것이기 때문이다.

　이러한 냉철한 시각을 가질 때에만 우리는 새로운 세기, 새로운 천년에 맞이하게 될 국내외적인 여러 가지 도전들을 슬기롭게 극복할 수 있을 것이다.

『한국일보』 1999년 12월 30일

파이, '키우면서 나누기'

흔히들 생각하듯 파이를 고르게 나누려고 하면
파이가 잘 커지지 않는 것일까. 성장을 위해서는 반드시 분배를
희생해야 하는 걸까. 그렇지 않다. 성장과 분배는 상충할 수도,
상호 보완할 수도 있기 때문이다.

최근 노무현 대통령이 '2만 달러 시대'를 내세우면서 우리의 정책 기조가 '파이'를 키우는 성장 위주로 가야 하는가, 아니면 이를 고르게 나누는 분배 위주로 가야 하는가 하는 '파이' 논쟁이 일고 있다.

우리나라에서 '파이'라 하면 밀가루 속에 과일 등을 넣고 구운, 후식 정도에 해당하는 것으로만 생각하지만, 옥스포드 영어 사전에 따르면 16세기까지도 파이는 속에 고기나 야채 등을 넣은 주식을 가리키는 말이었다. 때문에 아직도 영국에서는 해물 파이, 돼지고기 파이 등 파이라고 불리는 요리가 많은데, 성장·분배 논쟁에서 보는 바와 같이 파이가 '분배의 대상'이라는 뜻으로 쓰이기 시작한 것은 비교적 최근인 1960년대 말부터라고 한다.

그런데 과연 흔히들 생각하듯이 파이를 더 고르게 나누려고 하면 파이가 잘 커지지 않는 것일까. 다시 말해 성장을 위해서는 반드시 분배를 희생해야 하는 걸까.

결론부터 이야기하면 그렇지 않다. 성장과 분배는 상충할 수도, 상호 보완할 수도 있기 때문이다.

성장을 위해 분배를 희생해야 한다는 사람들이 가장 앞세우는 논리는, 고소득층이 주로 투자를 하기 때문에 이들에게로 소득이 집중되어야 투자와 성장이 촉진된다는 것이다. 따라서 규제 완화를 통해 능력 있는 사람들이 부를 창출할 기회를 확대하고, 고소득자에 대한 감세를 통해 부를 창출할 동기를 강화해야 한다는 것이 성장을 주장하는 사람들의 입장이다.

그러나 이러한 주장은 여러 가능성 중 하나일 뿐, 필연적인 것은 아니다. 고소득층으로 소득이 집중된다 하더라도 그들이 생산적 투자보다 사치성 소비나 자본 도피에만 열중한다거나, 소득 분배의 악화가 사회 갈등을 심화한다거나 하면 소득 집중은 도리어 성장에 해로울 수도 있다.

최근 나오는 다국(多國) 간 비교를 통한 실증 연구에서도 소득 분배가 평등할수록 성장이 잘 된다는 결론을 내리고 있다. 구체적인 예로 남미 국가들은 엄청난 소득 불평등에도 불구하고 한국·대만 등 소득이 균등하게 분배돼 있는 나라보다 투자율이나 성장률이 낮다는 것이다. 또 우리나라의 경우도 외환 위기 이후 소득 분배가 많이 악화되었음에도 불구하고 투자는 도리어 국민소득 대비 37% 선에서

26% 선으로 급격히 떨어졌고, 성장도 둔화되었다.

'성장주의자'들은 아울러 규제를 완화해야 기업할 의욕이 커져 경제 성장이 촉진된다고 하는데, 이것 역시 규제 완화의 대상과 내용에 따라 맞을 수도 있고, 틀릴 수도 있는 이야기이다. 거의 모든 나라에서 자본 시장에 대한 규제 완화는 경제 불안을 가중시켜 투자와 성장을 저해하였다. 영국의 경우 1980년대 이후 장기적 투자보다는 단기적 이익을 중시하는 방향으로 규제를 완화함으로써 사회간접자본이 낙후되어 ─ 최근 빈발하는 열차 사고에서도 볼 수 있듯이 ─ 전체 경제가 막대한 비용을 치르고 있다.

1980년대 이후 세계적으로 신자유주의자들은 "파이를 고르게 나누기 전에 먼저 키워야 한다."고 주장하며 규제 완화, 고소득자에 대한 감세 등의 정책을 펴 왔다. 그러나 세계 경제의 성장률은 1960~1970년대의 3.2%에서 1980~1990년대의 2.2%로 오히려 떨어졌다.

이러한 성장의 저하는 우연히 일어난 것이 아니라 신자유주의 정책의 필연적 결과이다. 자본 자유화는 투기 자본의 이동을 활발하게 해 경제 환경을 불안하게 만들며, 투자를 저하시킨다. 아울러 규제 완화로 말미암아 투기로 돈을 벌 수 있는 기회가 늘어나면서 생산적인 투자가 줄어든다. 그 결과 야기되는 투자 축소는 수요 위축을 불러오게 되고, 수요 위축은 다시 투자 축소를 부채질하는 악순환이 일어나게 되는 것이다. 또 소득 분배 악화로 사회 갈등이 심화되어도 투자 심리가 위축되기는 마찬가지이다. 그 경우에도 투자 하락은 성장 하락으로 이어지지 않을 수 없는 것이다.

아직도 중진국인 우리 입장에서 성장은 매우 중요하다. 그러나 문제는 현재 성장 촉진 정책이라고 내세워지는 신자유주의적 정책들이 실제로는 성장도 촉진하지 못하면서 분배만 악화시키는 '말로만 성장주의' 정책이라는 것이다.

이제라도 노사 간 대타협과 적절한 소득 재분배 정책을 통해 사회 통합을 강화해 경제 환경을 안정시키고 투자 심리를 북돋워야 한다. 또 자본 시장 규제를 강화해 투기 자본의 유입을 막는 등 기업이 장기적·생산적 투자에 전념할 수 있도록 경영 여건을 개선하고, 과학 기술 및 연구 개발에 대한 투자를 장려해 장기적 성장 여력을 키우는 등 진정한 성장 촉진 정책이 필요한 때다.

『동아일보』 2003년 7월 23일

'스위스식 대타협'을 그리며

대타협을 통해 사회 평화를 구축하고 산업화에
성공한 나라는 스위스와 스웨덴뿐만이 아니다. 네덜란드, 벨기에,
노르웨이, 핀란드 등의 나라도 스위스나 스웨덴과 유사한
대타협을 통해 오늘의 선진 사회를 일구었다.

스위스에 간 한 외국인이 만나는 사람마다 대통령이 누구냐고 물었지만 하나같이 모른다는 대답뿐이었다. 그러다 점잖아 보이는 한 노신사에게 물어 보았더니, 그 노신사는 "현 대통령은 모르지만 전임 대통령은 안다."고 했다. 그거라도 어디냐 싶어 알려 달라 했더니 노신사는 "접니다." 하더란다.

우스개 소리지만 실제 스위스 국민 중에는 대통령의 이름을 모르는 사람이 많다. 스위스의 행정부는 7인의 장관으로 구성된 연방평의회(Federal Council)인데, 이들 7인이 1년씩 돌아가며 대통령직을 수행하기 때문에 대통령이 매년 바뀐다는 것이 가장 큰 이유이다. 그러나 그보다 더 중요한 이유는 정치가 워낙 안정되어 있어 국민이 정

치에 크게 신경을 쓰지 않기 때문이다.

그러면 스위스의 정치는 어떻게 그렇게 안정된 것일까. 국민이 천성적으로 타협적이기 때문일까.

그렇지 않다. 스위스도 20세기 초까지는 노사 갈등으로 고생하던 나라이다. 스위스의 정치 안정은 이해가 상충하는 여러 집단이 서로 큰 양보를 했기 때문에 가능했던 것이다.

스위스는 산업화 과정에서 발전이 뒤지게 된 농업을 극도로 보호한다. 강력하기로 소문난 유럽연합(EU)의 농업 보호가 부족하다고 EU에 가입도 안 하는 나라이다. 국민들도 세계 최고 수준의 농산물 가격을 감수한다. 스위스 농촌이 유지될 수 있는 것은 그 덕분이다.

노사 관계도 평화적인데, 이것도 노사 간에 진정한 양보가 있었기 때문이다. 1881년 세계에서 두 번째로 산재보험을 도입하는 등 일찍부터 복지 국가를 만들었고, 1930년대 말부터는 노조가 강제조정을 통한 파업권 제한을 받아들이는 대신 자본가는 사회 정책 수립에 대한 노조의 발언권을 인정해 주었다.

스웨덴도 1920년대까지는 파업률이 세계에서 가장 높을 정도로 노사 갈등이 심했던 나라이지만, 1938년 노사 대타협 이후 세계에서 파업이 가장 적은 나라 중의 하나가 되었다. 그런 성과를 일구어 낸 스웨덴 노사 대타협의 골자는 노조가 차등 주식 제도를 비롯한 기존 자본가의 소유권을 인정하고 임금 인상을 자제하는 대신, 자본가들은 세금을 더 많이 냄으로써 복지 국가를 강화하고 투자 결정 때 노조와 협의한다는 것이었다.

이런 식으로 대타협을 통해 사회 평화를 구축하고 산업화에 성공한 나라는 스위스와 스웨덴뿐만이 아니다. 네덜란드, 벨기에, 노르웨이, 핀란드 등의 나라도 스웨덴과 유사한 대타협을 통해 오늘의 선진 사회를 일구었다.

이제 우리나라도 이 같은 대타협 없이는 사회적 갈등을 해소하기 힘든 단계에 들어섰다. 그렇다면 지금 우리에게 필요한 대타협의 내용은 무엇일까.

우선 복지의 강화가 필요하다. 우리나라의 교육·보건 등에 대한 국내총생산(GDP) 대비 공공 지출은 선진국의 절반 정도 수준이며, 후진국을 포함해도 국제 평균 이하이다. 복지 국가의 강화를 위해서는 또한 고소득층이 세금을 더 내는 것이 필요하다. 그와 관련 세금이 높다고 불평하는 사람이 많지만 실제 우리나라의 중앙 정부 기준 담세율은 국민소득의 20% 내외로, 선진국의 30~40%는 물론이고 1인당 국민소득이 우리의 3분의 1도 안 되는 남아프리카공화국·코스타리카 등의 23~24%보다 낮다.

또 기업은 노동자를 파트너로 인정하고 그들의 목소리를 경영에 반영해야 한다. 특히 국민의 희생을 바탕으로 성장한 대기업은 부의 사회 환원에 보다 성실하게 임하는 동시에 사회적 감시를 기꺼이 받아들여야 한다. 노동자의 경우에는 무조건적 투쟁을 지양하고, 임금 인상을 자제해야 한다.

정부 역시 '재벌 정책'에 있어 발상을 전환해 기업의 경영권을 안정시켜 주고, 부채 비율이나 사업 다각화에 관한 규제를 완화하며,

국내 자본에 대한 각종 역차별을 없애야 한다. 농업 개방에 대한 농민의 저항도 '집단 이기주의'로만 몰아붙이기보다는 개방으로 이익을 보는 다수가 세금을 더 내 농민의 소득을 보전해 주고, 농업에 대한 투자를 늘리는 대신 농민들도 점진적 개방을 받아들여야 한다.

17대 총선을 계기로 우리 정치는 이제 새 단계에 접어들고 있다. 진정한 '상생의 정치'가 이루어지려면 '사이좋게 지내자'는 구호만으로는 부족하다. 갈등을 겪고 있는 집단 간에 진정한 양보에 기초한 대타협을 끌어내지 않으면 안 되는 것이다.

『동아일보』 2004년 4월 20일

제조업 없이는 금융도 없다

금융 허브론자들이 모범 사례로 거론하는 싱가포르나 홍콩도
금융 강국이기 이전에 제조업 강국이다. 결국 부국에서 금융이
발전하는 것이지, 금융의 발전을 통해 부국이 되는 것은
아니라는 사실을 보여 주는 셈이다.

영국의 유명한 소설가 그린(Graham Greene)의 원작을 바탕으로
1949년 제작된 『제3의 사나이』라는 영화는 세계 영화사에 길이 남을
명작이다. 영화의 대본도 원작자인 그린이 직접 썼다. 그러나 영화
에서 라임(Harry Lime)이라는 악한으로 나오는 헐리우드의 전설적인
명배우 웰즈(Orson Welles)의 유명한 대사 한 구절은 웰즈 자신의 창
작이라고 한다.

악(惡)을 찬양하는 내용의 이 대사를 통해 웰즈는 "이탈리아 역사
는 전쟁과 살육으로 점철되어 있지만 인류에게 르네상스를 선사했
고, 스위스는 500년간 화합하면서 민주주의와 평화를 추구했지만 인
류사에 공헌한 것은 기껏 뻐꾸기시계뿐"이라고 비꼰다.

웰즈처럼 대부분의 사람들은 스위스를 제조업체라고는 뻐꾸기시계나 초콜릿을 만드는 회사 정도밖에 없고, 관광업·금융업 등 서비스업에 의존해 부자가 된 나라로 알고 있다. 그러나 스위스는 사실 세계 최고의 공업국이다. 스위스의 1인당 제조업 부가가치액은 1998년을 기준으로 8,314달러로 세계 1위다. 이는 미국(5,300달러)의 157%에 해당하며, 영국(4,179달러)에 비해선 2배, 우리나라(2,108달러)에 비해선 4배 가까운 액수다.

최근 우리 경제의 미래 전략에 대한 논의가 왕성한 가운데 우리나라도 선진국 대열에 합류하려면 빨리 제조업을 버리고 금융을 중심으로 한 서비스업으로 옮겨 가야 한다고 주장하는 사람들이 있다. 그런 금융 허브론자들에게 스위스는 달갑지 않은 사례일 것이다.

하지만 금융 허브론자들이 달가워하지 않을 사례는 스위스뿐만이 아니다. 금융 허브론자들이 모범 사례로 거론하는 싱가포르나 홍콩도 금융 강국이기 이전에 제조업 강국이다. 싱가포르의 1인당 제조업 부가가치액은 1998년을 기준으로 6,178달러로 우리나라의 3배 가까이 된다. 홍콩도 지금은 중국과 통합돼 독자적인 제조업 기반이 축소됐지만, 1980년대 중반까지만 해도 1인당 제조업 부가가치가 1985년 기준으로 1,322달러로 우리나라의 668달러에 비해 2배가 넘는 공업국이었다.

이러한 사례가 보여 주는 것은 부국에서 금융이 발전하는 것이지, 금융의 발전을 통해 부국이 되는 것은 아니라는 사실이다. 역사적으로도 룩셈부르크, 모나코 등 세금 도피처(tax haven) 역할을 하는 몇몇 작은 나라를 제외하고는 강력한 제조업 없이 금융 중심지로 성장해 잘 살게 된 나라는 없다.

17세기 암스테르담이 세계 금융의 중심지였던 것은 네덜란드가 당시의 '첨단 산업'인 모직물 산업에서 세계적 우위를 지니고 있었기 때문이다. 18세기 말부터 런던이 암스테르담을 제치고 세계의 금융 중심지가 된 것은 영국이 산업혁명을 선도했기 때문이다. 20세기 들어 뉴욕이 세계 금융의 중심지가 된 것도 미국이 금융업을 특별히 육성해서가 아니라 산업면에서 영국을 추월했기 때문이다. 스위스, 싱가포르, 홍콩이 금융 중심지가 된 것도 위에서 지적한 바와 같이 강력한 제조업 기반이 있기 때문이다.

금융 허브론자들은 또 말한다. 금융 시장을 완전 개방·자유화하고 영어 공용화 등을 통해 외국인 금융 인력이 살기 좋은 환경을 만들면 우리나라가 홍콩이나 싱가포르를 제치고 최소한 아시아의 금융 중심지는 될 수 있다고. 그러나 이는 홍콩이나 싱가포르가 아시아의 금융 중심이 된 이면에 제조업 기반 외에도 장기간의 영국 식민지 지배로 생긴 서구와의 인적·문화적·제도적 유대라는 역사적 요인이 있다는 점을 간과한 얘기이다.

특히 홍콩의 경우는 도시 이름 자체가 200여 년 전부터 정착해 사업을 하던 영국 자본가들에 대한 중국식 호칭인 홍[좋]을 따서 붙여졌을 정도로 영국 자본의 뿌리가 깊은 곳이고, 홍콩의 많은 대기업들은 아직도 영국계이다. 우리가 역사를 바꿀 수 있다면 모르되 홍콩이나 싱가포르를 제치고 아시아 금융 중심이 된다는 것은 거의 불가능한 일인 것이다.

따라서 우리나라가 진정한 금융 중심지가 되려면, 역설적으로 제조업을 더 발전시켜 우선 제조업 중심지가 되고, 이를 통해 자연스럽게 금융 중심지가 되는 전략을 택해야 한다.

『동아일보』 2003년 8월 20일

주주 포퓰리즘을 경계한다

정치의 경우 포퓰리스트 정권을 뽑아 놓으면 결국 그들을
뽑은 사람들 자신이 피해를 보게 된다. 반면 주주들의 경우에는
'주주 포퓰리즘'의 이득은 자신들이 챙기고, 그 비용은
그 외의 사람들에게 전가시킬 수 있다.

1900년에 출판돼 1939년에는 전설적인 뮤지컬 배우 갈런드(Judy Garland) 주연의 영화로도 만들어졌던 소설 『오즈의 마법사』를 모르는 사람은 거의 없을 것이다. 그러나 이 소설이 19세기 말 미국 정치를 휩쓴 포퓰리즘(populism)의 시각에서 쓴 정치적 우화라는 사실을 아는 사람은 많지 않으리라.

당시 미국에선 극심한 경기 침체로 농촌이 몰락하고 도시에서는 실업자가 양산되고 있었다. 그럼에도 편협한 당시의 금융 자본은 자신들의 이익을 위해 화폐 단위가 금(金)의 가치에 연계되어 있어 정부의 화폐 발행 능력이 제한되는 금본위제(gold standard)를 고집한 탓에 통화량 증대를 통한 유효 수요의 증대와 같은 적극적 거시 경제

정책의 집행이 불가능했다. 이런 상황에서 일어난 정치 운동이 '보통 사람들'을 위해 금융 시장에 정부가 더 적극적으로 개입해야 한다는 포퓰리즘, 즉 민중주의였다.

포퓰리스트였던 작가 봄(Frank Baum)은 『오즈의 마법사』에서 월스트리트의 금융 자본은 악의 무리를 이끄는 동쪽의 마녀로, 무력한 연방정부는 외화내빈의 존재인 오즈의 마법사로, 당시 피폐해 가던 미국 농촌과 도시의 실업자들은 허수아비와 깡통나무꾼으로 각각 의인화해 당시 미국의 보통 사람들이 느끼던 좌절감을 표현하려 했다.

기성 체제의 문제점을 잘 지적하기는 했지만 뚜렷한 대안을 내놓지 못한 포퓰리즘은 곧 쇠락했다. 그러나 그 용어만은 계속 남아 단기적으로는 보통 사람들을 위하는 듯하지만, 장기적으로는 국민 경제의 안정과 성장 잠재력을 해쳐 결국 보통 사람들을 해치는 정책 노선을 묘사하는 말로 쓰이고 있다.

우리나라에서도 노무현 정부 출범 후 그 포퓰리즘적 성격을 우려하는 목소리가 많이 나오고 있다. 그러나 필자가 보기에 우리나라에서 지금 포퓰리즘이 가장 위세를 떨치는 곳은 청와대나 국회보다도 오히려 많은 기업의 주주 총회장인 것 같다.

외환 위기 이후 기업의 인수 합병이 자유화되면서 우리나라 주요 기업들은 경영권에 대한 위협을 크게 받고 있다. 이들 기업의 경영권을 탈취하려는 세력은 기존 경영진이 과도한 투자로 이윤도 많이 못 내고 배당도 적게 해 '보통 주주들'의 이익을 해쳐 왔다면서, 자신들이 경영권을 쥐면 주주 가치 중심의 경영으로 보통 주주들의 권익을 제고할 터이니 지지해 달라고 호소하곤 한다.

그런데 문제는 소위 '주주 가치 경영'이 장기적으로 기업에 좋지 않은 경우가 많다는 것이다. 주주 가치를 올리는 가장 빠른 길은 대규모 감원을 통해 인건비를 줄이는 한편 설비나 기술 개발 등에 대한 투자를 최소화해 이익을 많이 올리고, 그렇게 얻은 이익 중 가능한 한 많은 부분을 주주들에게 배당하는 것인데, 최근 우리 기업들이 사상 최대의 이윤을 내면서도 투자와 고용을 창출하지 못하는 것도 바로 이런 주주 가치 경영을 채택했기 때문이다.

이러한 경영 전략은 장기적으로는 기업의 투자 여력을 축소하고 기술 발전을 저해하는 동시에, 종업원을 불안하게 만들어 노사 관계도 악화시키는 등 기업의 경쟁력을 해치기 쉽다. 이렇게 당장은 보통 주주들을 위하는 듯하나 장기적으로는 기업의 활력을 떨어뜨려 그들의 이익을 해칠 수 있다는 점에서 주주 가치 경영은 포퓰리즘의 성격이 강하다고 할 수 있다.

그런데 문제는 정치의 경우에는 보통 사람들이 포퓰리스트 정권을 뽑아 놓으면 결국 그들을 뽑은 보통 사람들 자신이 피해를 보는 데 반해, 보통 주주들의 경우에는 '주주 포퓰리즘'의 이득은 자신들이 챙기고, 그 비용은 다른 사람들에게 전가할 수 있다는 점이다. 주주들은 포퓰리스트 경영진을 뽑아 단기적으로 배당 증대와 주가 차익을 통해 이익을 실현할 수 있다. 반면 그로 인해 기업의 활력이 저하되면 언제든 주식을 팔고 떠날 수 있다. 주주는 그렇게 떠나면 그만이지만 기업의 활력이 저하돼 고용과 소득이 창출되지 않으면 그

대가는 그 회사의 종업원이나 거래 업체, 그리고 모든 국민이 치르게
된다.

그렇다면 기업의 경영 전략 결정에서는 주주(shareholder)뿐만 아
니라 모든 이해 당사자(stakeholder), 나아가 국민 경제 전체의 이해
관계를 반영할 수 있는 대책이 하루빨리 마련돼야 한다. 그렇지 않으
면 우리의 기업들과 국민 경제는 미구에 주주 포퓰리즘의 제물이 되
고 말 것이다.

『동아일보』 2004년 2월 24일

'주주 자본주의'는 만능인가?

주주의 이익만을 추구하는 것이 국민 경제 전체에 득이
되는지도 의문이다. 특히 주식 시장이 단기적 효율성도 담보하지
못하는 상태에서 장기적 투자마저 어렵게 한다면 주주의
이익은 국민 경제의 이익과 배치될 확률이 높다.

SK 사건을 발단으로 한국 경제의 개혁 방향에 관한 논의가 활발하다. 그러나 현재 한국 정부가 개혁의 지향점으로 추구하고 있는 '주주 자본주의'가 과연 바람직한 것인가 하는 지극히 중요한 문제에 대해서는 별 의문이 제기되지 않고 있다.

주주 자본주의는 다음 논리에 기초하고 있다. 첫째, 기업은 주주의 소유물이고 따라서 주주의 이익을 위해 운영되어야 한다. 둘째, 주주의 이익이란 주가로 표현되는 기업 가치의 극대화를 말한다. 셋째, 이러한 기업 가치 극대화를 위해서는 적대적 인수·합병이 활성화되어 무능한 경영자를 갈아치울 수 있어야 한다. 넷째, 자본주의 체제 하에서 기업 가치의 극대화는 곧 사회적 이익의 극대화이다.

일견 흠 잡을 데 없는 논리다. 주인인 주주를 위해 기업이 경영되고, 이것이 곧 사회 전체에도 이익이 된다는데 감히 누가 반론을 제기할 수 있겠는가. 그러나 이러한 논리에는 이론적으로나 실증적으로나 문제가 많다.

기업의 주인이 주주라는 것은 법적인 해석일 뿐이다. 실제로 영미계 나라들을 제외한 대부분의 선진국에서는 주주란 직접 금융의 조달자로서 경영진·노동자·채권자·하청업체·지역사회 등 여러 이해 당사자(stakeholder) 집단 중 하나에 불과하다고 보는 견해가 지배적이다. 게다가 주주 대부분은 기업의 장기적 성공에 따른 이익보다는 단기적 배당이나 주가 차액만을 추구하는 만큼 주주의 이익을 따르는 것이 기업의 장기적 발전에 좋지 않은 경우가 많다는 점도 문제이다.

그리고 기업 가치는 주식 시장이 가장 잘 판단한다는 가정도 문제가 많다. 18세기 초 영국의 동인도회사에 대한 투기에서부터 20세기 말 세계를 휩쓴 인터넷 거품에 이르기까지 자본주의의 역사 300여 년은 주식 시장이 기업 가치 판단에서 얼마나 비효율적일 수 있는지를 극명하게 보여 준다.

특히 주식 시장의 경우 그 속성상 실적이 분기별로 평가되는 '단기주의'(short-termism)의 만연이 불가피할 수밖에 없는데, 그것은 곧 설비 및 기술에 대한 꾸준한 투자를 통해 기업 성장을 도모하는 정통적인 경영 방식의 채택을 어렵게 한다. 1990년대 초까지 미국이나 영국에서 주식 시장의 단기주의에 따른 기업 경쟁력 저하에 대한 우려가 팽배했던 것도 그러한 이유에서다.

적대적 인수·합병이 활성화돼야 기업 경영의 효율성이 유지된다는 주장도 근거가 희박하다. 일련의 실증 연구에 따르면 어떤 기업이 적대적 인수 합병의 대상이 되는가는 대부분 그 효율성보다는 덩치나 자금 동원력에 의해 결정되고 있는 것으로 나타나고 있다.

게다가 인수 합병 뒤 기업의 효율성이 나아진다는 증거도 없다. 대부분의 비(非)영미계 선진국들이 지난 50여 년간 적대적 인수 합병한 건 없이도 경제 발전을 이룩했다는 점도 이를 간접적으로 뒷받침한다.

다른 무엇보다도 주주 이익만을 추구하는 것이 과연 국민 경제 전체에 득이 되는지도 의문이다. 주주 자본주의는 글자 그대로 주주의 이익을 추구하는 체제이다. 따라서 주식 시장이 교과서적으로 돌아간다고 해도 주주의 이익과 사회적 이익이 일치한다는 보장은 없다. 특히 주식 시장이 단기적 효율성도 담보하지 못하는 상태에서 장기적 투자마저 어렵게 한다면 주주의 이익은 국민 경제 전체의 이익과 배치될 확률이 높다.

주주 자본주의를 추구한 영국이나 미국은 지난 반세기 동안 경제 성적표 상으로는 '우등생'이 아니었다. 미국은 제2차 세계대전 직후에는 경제 규모로 단연 1위였지만, 이후 그 상대적 지위가 계속 기울어 왔다. 1990년대 말 소위 미국 경제의 '부활'도 주식 시장의 거품에 힘입은 바가 크다. 주주 자본주의의 원조라 할 수 있는 영국은 유럽연합 15개국 중 끝에서 5등 이내에 머무르는 유럽 내 2류 국가로 전락했다.

한국도 주주 자본주의가 자리 잡으면서 기업들이 장기 투자보다는 경영권 방어에 더 힘을 써야 하는 상황이 돼 가고 있다. 이런 추세가 계속되면 아직 설비와 기술 개발에 대한 투자가 절실한 한국 경제의 앞날은 어두울 수밖에 없다.

지금이라도 기업 경영에서 주주의 이익뿐 아니라 여러 이해 당사자들의 이익, 거기서 한 걸음 더 나아가 국민 경제의 이익을 고려한 체제 건설에 노력을 기울여야 한다. 이는 장기적으로 볼 때 진정으로 주주를 위하는 길이기도 하다.

『동아일보』 2003년 5월 28일

소유 경영도, 전문 경영도 상관없다

소유 경영이 좋으냐, 전문 경영이 좋으냐는 질문에는 정답이 없다.
어느 제도를 택하든지 문제점이 있기 때문이다. 결국 중요한 것은
어느 제도를 택하건 단점을 보완하고 장점을 살릴 수 있는
제도와 관행을 확립하는 것이다.

가족 소유의 대기업이 지배적인 우리나라에서 소유 경영과 전문 경영 중 어느 쪽이 더 나으냐 하는 문제는 항상 논쟁의 대상이었는데, 최근 들어 대한항공 사태를 둘러싸고는 이 문제에 대한 관심이 더욱 높아지고 있다.

구미 경제학계 기업 이론의 중심축을 이루는 소위 '대리인 이론' (agency theory)에 따르면, 전문 경영인은 소유 경영인과는 달리 자신의 보수와 기업의 성과가 무관하기 때문에 기업 이윤의 극대화보다는 자신의 사익을 추구하게 된다고 한다.

이 이론에 따르면, 지배적 대주주가 있는 기업에서는 이러한 전문 경영인의 사익 추구에 제동을 걸 동기와 능력을 가진 사람이 있지

만, 지배적 대주주가 없는 기업에서는 그러한 제동이 불가능하다고 한다. 따라서 전문 경영인들은 불필요한 사세 확장, 불요불급한 이사 진의 고용, 사옥이나 사무실 등 근무 환경의 불필요한 사치화, 판공 비 남용 등을 통해 자신의 사익을 최대한 추구하게 될 것이라고 예측 한다.

최근 우리나라에도 도입된 '스톡옵션'(stock option) 제도라는 것 도 바로 위에서 언급한 '대리인' 문제를 해결하기 위해 고안된 것이 다. 전문 경영인의 보수와 기업의 주가를 연동시킴으로써 전문 경영 인으로 하여금 주주의 시각에서 기업을 운영할 동기를 부여한다는 취지에서 1980년대 영미계 국가들에서 나온 것이기 때문이다.

스톡옵션 제도는 일견 상당한 설득력이 있다. 하지만 그 실제 운 용을 보면 여러 가지 문제가 있는 것이 사실이다. 예를 들어 우리나 라에서도 최근 지적된 문제이기는 하지만, 경영 평가를 위한 '벤치마 킹'(Benchmarking)을 동급 기업과의 비교 성과로 하지 않고 단순히 절대적 주가로 하는 경우 경영이 전혀 개선되지 않았음에도 주식 시 장에 돈이 몰려 주가가 상승했다는 이유 하나만으로 스톡옵션을 보 유한 전문 경영자는 막대한 이익을 볼 수 있다.

게다가 스톡옵션 제도를 만드는 사람들도 전문 경영인들인 경우 가 많기 때문에 그 내용을 자기들에게 유리하게 만드는 경향이 있다 는 점도 문제이다. 1965년에 미국 평균 노동자 봉급의 20배에 불과 하던 미국 최고경영자의 봉급이 본격적으로 스톡옵션 제도가 도입된 이후 급등하기 시작하여 1989년에는 56배, 1997년에는 116배로 뛰더니, 미국 경제학자 크루그만(Paul Krugman)에 의하면 1999년에는 무려 1,000배 가량(『뉴욕 타임스』 2002년 10월 20일자 'For Richer')이 나 되었다는 것이 그 좋은 증거라 할 것이다.

그렇다면 전문 경영보다는 소유 경영이 더 좋은 것인가? 그렇게 볼 수도 없다. 대리인 이론의 중요한 약점 중 하나는 전문 경영인이나 소유 경영인이 경영 능력은 같고 부여된 동기만 다르다는 가정 하에 그 이론이 전개된다는 것이다. 그러나 전문 경영인이 소유 경영인보다 경영 능력이 훨씬 뛰어나다면 기업 이익에 앞서 어느 정도 사익을 추구한다고 해도 소유 경영보다는 전문 경영이 득이 많을 것이다.

대리인 이론이 가지고 있는 또 하나의 약점은 인간 행동이 전적으로 이기심에 의해 좌우되는 것으로 본다는 점이다. 물론 이기심이 인간 행동 전반, 특히 경제 행위에 있어 매우 중요한 동기임을 부정할 수는 없다. 그러나 실제 인간 행동을 보면 조직에 대한 충성심, 사회적 책임감, 직장 동료와의 유대감(solidarity), 역지사지(易地思之)의 심정(vicariousness) 등 비(非)이기적 동기도 굉장히 중요한 역할을 하고 있는 것이 사실이다.

인간이 완전히 이기심으로만 움직이는 존재라고 하는 대리인 이론의 전제를 따른다면, 제2차 세계대전 패전 이후 일본 재벌이 해체된 다음 자신들을 감시하는 지배 주주도 없고 스톡옵션도 없는 상태에서 일본의 전문 경영인들이 그다지 봉급도 많이 받지 않으면서 왜그렇게 열심히 일하여 일본 기업을 세계 최고 수준으로 올려놓았는지를 설명할 수 없게 된다.

제2차 세계대전 이후 일본 기업들의 성공은 전문 경영인들이 자신들의 회사, 관련 업체들, 회사가 위치한 지역사회, 그리고 나아가서는 국민 경제를 하나의 '공동체'(community)로 보고, 그 공동체에 대한 자신들의 책임감을 다하고자 노력했기 때문에 가능했던 것이다.

이와 같이 본다면 결국 소유 경영이 좋으냐, 전문 경영이 좋으냐 하는 질문에는 정답이 없다. 어느 제도를 택하든지 문제점이 있고, 남용의 소지가 있기 때문이다. 결국 중요한 것은 어느 제도를 택하건 간에 그 남용을 막으며, 단점을 보완하고 장점을 살릴 수 있는 제도와 관행을 확립하는 것이다.

『한국일보』 1999년 5월 13일

국영 기업, '매각'만이 해결책은 아니다

파산 위기에 처한 기업이나 금융 기관이 국민의 세금으로
회생되었다면, 그들의 이후 운영에 대해 국민들이 발언권을 갖는 것이
당연한 일이며, 거기서 창출된 추가적인 부(富)도 국민 전체에
돌아가는 것이 마땅한 일이다.

1997년 외환 위기 발생 직후부터 최근의 대우 사태에 이르기까지 정부가 부실 기업과 금융 기관을 정리하는 과정에서 막대한 공공 자금을 투입하고 있는 데 대한 비판의 소리가 높아지고 있다.

공공 자금의 투입을 통한 구제 금융에 대한 핵심적인 비판은, 자기 책임 하에 사업을 하다가 실패한 기업이나 금융 기관을 공공 자금으로 회생시켜 준다는 것은 "모든 투자자가 자신의 결정에 대해 응분의 책임을 진다."는 시장 경제의 기본 원리에 반하는 일일 뿐만 아니라, 납세자들이 피땀 흘려 낸 세금으로 자기들보다도 부유한 기업주들을 도와주는 결과가 되는 관계로 형평에도 어긋나는 정책이라는 것이다.

이러한 주장은 개별 기업의 차원에서 볼 때에는 대체로 타당하다. 그러나 개별 기업의 차원에서 볼 때 옳은 논리라도 경제 전반의 차원에서 볼 때 반드시 옳은 것은 아니라는 사실을 알 필요가 있다.

기업의 광범위한 도산은 실업과 수요 감축을 가져와 경기 침체를 가속화할 수 있다. 또 금융 기관의 광범위한 파산은 금융 경색을 가져와 건전한 기업까지 도산시키는 결과를 초래하게 될뿐더러 금융 기관을 믿고 돈을 맡긴 예금자에게조차 치명적인 타격을 준다.

따라서 최근 우리나라의 경우처럼 부실이 소수의 기업이나 금융 기관에 국한되지 않고 경제 전반에 걸친 위기를 가져올 가능성이 있을 경우에는 정부가 공공 자금을 투입해서라도 금융 체제의 완전 붕괴와 기업의 연쇄 파산을 막아야 한다. 그것이 납세자들을 포함한 사회 구성원 모두에게 이득이 될 수 있기 때문이다.

구제 금융을 통하여 경제 위기의 확산을 막는 것이 얼마나 중요한 일인지에 대해서는 1980년대 이후 미국과 일본의 금융 기관 부실 처리 방식을 비교해 보면 잘 알 수 있다.

미국의 경우 1980년대 초반 시행된 금융 규제 완화와 부동산 투기로 인하여 1980년대 중반 저축대부조합들(Savings and Loans Institutions)과 일부 은행 등 금융 기관들이 부실화되었다. 그러자 미국 정부는 평소 외치던 자유방임의 구호를 과감히 버리고 공공 자금 투입과 일부 금융 기관의 국유화를 통해 조기에 해결해 냄으로써 1990년대 장기 호황의 기틀을 마련하는 데 일조하였다.

이에 반하여 일본 정부는 1980년대 말 거품 붕괴 이후 발생한, 주택금융조합(쥬센)을 중심으로 한 금융 기관들의 부실 문제에 직면해 공공 자금의 투입을 꺼리면서 문제 해결을 방관하다가 결국 금융 부문 전체의 경색을 가져와 1990년대 장기 불황을 초래했다.

구제 금융에 관련한 또 하나의 비판적 주장은 위기 상황에서 구제 금융이 필요할지는 모르지만, 구제 금융을 통해 정부가 관련 기업과 금융 기관들의 실질적인 지배 주주가 되면서 정부 개입의 가능성이 늘어나게 되는데, 그와 같은 관치 금융 내지 관치 경영은 바람직하지 않은 만큼 정부가 구제 금융 과정에서 불가피하게 국유화하게 된 기업이나 은행들을 하루빨리 민간에 매각해야 한다는 것이다.

이러한 주장은 외국인 투자가들 사이에서 특히 인기인데, 우리 정부가 제일은행·서울은행·기아자동차 등을 서둘러 매각하려 한 것도 이러한 논리를 수용했기 때문으로 추정된다. 그러나 파산의 위기에 처한 기업이나 금융 기관들이 국민의 세금으로 회생되었다면, 그들이 그 이후 어떻게 운영되어야 하는가에 대해서는 국민들이 (민주적으로 선출된 정부를 통하여) 발언권을 갖는 것이 당연한 일이며, 거기서 창출된 추가적인 부(富)에 대해서도 국민 전체에 돌아가는 것이 마땅한 일이다.

그 경우 정부가 구제 금융으로 회생시킨 기업들이나 금융 기관들을 서둘러 민영화하는 것은 결국 국민의 세금을 써서 창출된 추가적인 부를 이 기업들을 인수하는 소수의 주주들에게 넘겨주는 것밖에는 되지 않는 만큼, 이러한 기업이나 금융 기관은 민영화하기보다는 계속 국영으로 남기거나 혹은 민영화하더라도 정부가 상당 정도의 지분을 소유하여 그들이 국민 전체의 이익에 봉사하는 방향으로 경영되도록 감독하는 것이 옳은 일일 것이다.

국민의 세금으로 구제된 기업이 국민의 통제를 받는 것은 민주 원칙에 비추어 볼 때 너무도 당연한 일이기 때문이다.

『한국일보』 1999년 11월 18일

중앙은행도 성장 정책 펴라

그린스펀이 대규모 금융 위기의 빈발 등에도 불구하고
미국 경제의 장기 호황이라는 성과를 거둘 수 있었던 것은 개인적
역량이 뛰어난 탓도 있겠지만, 미국 연방준비제도이사회
자체의 성격에도 상당 부분 기인한다.

지난 2000년 1월 초 클린턴(Bill Clinton) 대통령은 미국의 중앙은
행인 연방준비제도이사회(FRB)의 그린스펀(Alan Greenspan) 총재를
연임시킬 계획이라는 발표를 했다.

물론 그린스펀 총재의 연임은 아직 1월 말 의회의 인준 과정을 거
쳐야 한다. 하지만 인준 자체가 거의 확실시되고 있는 만큼 그는 4년
임기의 총재직을 이제 네 번째로 연임하게 되는 셈이다.

그린스펀 총재는 1987년 처음 임명되었을 때만 해도 전임자였던
볼커(Paul Volcker) 총재의 그늘에 가려 별로 관심을 끌지 못했다. 그
러나 그는 미국의 장기 호황과 멕시코·아시아·브라질·러시아 등
의 대규모 금융 위기 등 다사다난했던 지난 5~6년간을 안정적이면

서도 신축적인 통화 정책으로 미국 경제를 무리 없이 이끌어 왔다는 평가를 받게 되면서 이제는 국가적으로 영웅 대접을 받는 인물이 되었다.

그린스펀 총재가 특히 주목을 끄는 것은 두 가지 점인데, 첫째는 그가 다른 중앙은행 총재들과는 달리 인플레 제압에만 신경을 쓰지 않고 성장을 동시에 추구하는 통화 정책을 썼다는 점이며, 둘째는 1995년 멕시코를 필두로 1998년의 러시아에 이르기까지 잇단 국제 금융 위기 때마다 적절하게 통화 정책을 완화해 위기가 국제적으로 확산되는 것을 막았다는 것이다.

하지만 그린스펀 총재가 이러한 성과를 거둘 수 있었던 것은 그의 개인적 역량이 뛰어난 탓도 있겠지만, 그보다는 미국 연방준비제도이사회 자체의 성격에도 상당 부분 기인한다는 점에 주목할 필요가 있다.

미국 연방준비제도이사회의 경우 그 헌장에 물가 안정과 성장 및 고용 증대를 동시에 추구할 것을 명시하고 있는데, 이는 물가 안정만을 추구하도록 되어 있는 다른 여러 나라 중앙은행의 헌장과는 커다란 차이이다.

물론 미국 연방준비제도이사회는 독립성이 강하므로 만일 총재가 물가 안정만을 추구하겠다고 마음먹으면 그것을 완전히 막기란 힘들다. 그러나 그린스펀과 같이 유연한 총재를 만나면 미국 연방준비제도이사회는 매우 신축적인 정책을 추구할 수 있다.

미국 연방준비제도이사회의 또 하나의 특징은 독립성이 강하면서도 국민의 대표기관인 의회의 통제를 받는다는 점이다. 가령 미국 연방준비제도이사회 총재의 경우 정기적으로 의회에 출석하여 자신의 정책을 설명하는 것이 그 의무로 되어 있다.

이러한 미국 연방준비제도이사회의 두 가지 성격이 얼마나 중요한 것인지는 최근 출범한 유럽중앙은행(European Central Bank)의 경우와 대조해 보면 쉽게 알 수 있다. 유럽중앙은행의 헌장은 중앙은행이 물가 안정의 추구만을 그 목표로 할 것을 명시하고 있으며, 중앙은행의 독립성을 보장한다는 구실 하에 그 운영에 유럽의회나 회원국 정부 등이 전혀 개입하지 못하게 하고 있다. 많은 사람들이 유럽중앙은행의 경우 지나친 긴축 정책을 추구하여 가뜩이나 심각한 유럽의 실업 문제를 악화시키고 있으며, 민주적 권력 기관의 통제에서 벗어난 대표성 없는 기관이 되고 있다는 비판을 하고 있는 것도 그 때문이다.

영국의 중앙은행인 영란은행(Bank of England)과도 비교해 볼 필요가 있다. 영란은행의 경우 여러 가지 면에서 미국 연방준비제도이사회와 유럽중앙은행의 중간쯤에 위치하고 있다고 평가된다. 영란은행의 경우 재무장관이나 의회 등의 통제를 통한 민주적 책임성의 확보라는 면에서는 미국 연방준비제도이사회에 못지않다고 한다. 또 회의록의 정기적인 공개 등 의사 결정 과정의 투명성에서는 연방준비제도이사회보다도 앞선다는 평가를 받고 있다. 그러나 그 목표가 물가 안정만으로 편협하게 설정되어 있는 관계로 이자율을 높일 수밖에 없었고, 그 결과 영국 파운드 화의 지나친 강세가 초래되어 결국 영국의 제조업, 특히 수출 산업에 큰 타격을 입혔다는 점에서는 비판을 받고 있다.

최근 집권 노동당의 상원 의원이요 유명한 기업가인 폴(Swraj Paul) 경(卿)이 영란은행에 대한 자기 당의 정책을 공개적으로 비판하면서, 영란은행의 목표에 경제 성장을 명시적으로 추가해야 하며, 주식 시장이나 부동산 시장의 활황 등 특수한 인플레 요인들은 그것을 직접 겨냥한 재정 정책을 통하여 억제되어야 한다는 주장을 하여 주목을 끌고 있는 것도 이러한 맥락에서 이해되어야 할 것이다.

중앙은행의 독립성이 항상 문제가 되어 왔던 우리나라의 입장에서는 이러한 선진국들의 경험을 잘 참조하여 중앙은행의 목표를 물가 안정만이 아니라 성장과 고용도 동시에 추구하도록 포괄적으로 설정하고, 그 민주적 책임성과 운영의 투명성을 확립하되, 물가 안정의 추구에 있어서도 광범위하고 무차별적인 효과를 가지기 쉬운 통화 정책에만 의지하기보다는, 주식 시장의 지나친 활황 등 특수한 물가 상승 요인을 차별적으로 제어할 수 있는 정책 수단을 개발해야 할 것이다.

『문화일보』 2000년 1월 18일

제조업 살려야 이공계도 산다

진정으로 이공계에 우수 인력을 끌어들이려면
투자를 가로막는 제도와 정책을 고쳐 제조업에 다시 활력을
불어 넣고, 노동 시장 유연화를 빙자한 고용의
불안정성을 시정해야 한다.

유럽 어느 나라에서 각 직업군의 대표들이 모여 세계에서 가장
오래된 직업은 무엇인가에 대해 토론을 했다고 한다.

가장 먼저 의사가 "신이 세상을 창조한 뒤 제일 먼저 한 일이 바
로 아담의 갈비뼈를 빼내는 수술로 이브를 만든 것 아닌가. 그러니
의사가 가장 오래된 직업일세." 하고 말했다. 그러자 건축가가 "신이
아담을 수술하기 전에 한 일이 무엇인데? 혼돈 속에서 질서를 설계
해 낸 것이 아닌가. 따라서 건축가가 더 오래된 직업이야."라고 반박
하였지만, 그 말을 들은 정치인이 씩 웃으며 한 말씀 하기를 "그 혼돈
은 누가 창조했는데?" 하고 물으면서 토론은 종결됐다고 한다. 혼미
한 우리나라의 정치 상황을 생각하면 웃어 넘겨 버릴 수만은 없는 농

205

담이라 할 수 있다.

정치인이나 건축가보다 오래되지 않은 직업인지는 몰라도 우리나라에서 가장 인기 있는 직업은 의사라고 할 수 있다. 이과 계통의 우수한 인재들은 거의 대부분 의대에 진학하고 싶어 하고, 여타 이공계를 기피할 정도라는 것이다. 옛날보다 의사 수가 급격히 늘어나 상대적으로 보수가 낮아졌음에도 불구하고 이런 현상이 일어나는 까닭은 무엇일까.

가장 직접적인 이유는 이공계 직업의 고용 안정성이 급격히 낮아졌기 때문이다. 과거에는 이공계에 진학해 대기업에 취업하면 안정된 직장이 보장됐지만, 1997년 외환 위기 이후 '노동 시장 유연화'의 기치 아래 진행된 구조 조정 과정에서 이런 관행이 파괴됐다. 따라서 자격증이 있어 자영업이 가능하고, 취직을 하는 경우에도 고용이 훨씬 더 안정적인 의사라는 직업의 매력이 상대적으로 커진 것이다.

이것은 문과 계통에서도 변호사 수의 증가에 따른 상대적 보수의 하락에도 불구하고 사법 시험 지망생이 늘어난 것도 똑같은 이유라고 할 수 있다.

이에 더해 외환 위기 이후 제조업의 미래가 어두워진 것도 이공계 기피를 더욱 부추기는 원인이라 할 수 있다. 외환 위기 이후 자본 시장의 개방으로 말미암은 경영권의 불안 및 배당 압력의 증대, 차입을 무조건 죄악시하는 잘못된 재벌 정책, 금융 기관의 기업 금융 회피 등으로 우리나라의 제조업 투자는 급감했다. 1991~1997년 우리 제조업체의 유형 자산, 그러니까 기계나 건물 등의 보유액은 연평균

12% 가량 증가했으나, 외환 위기 이후인 1998~2002년에는 연평균 3% 가량 증가에 그쳤는데, 그나마 이것도 외환 위기 이후 부채 비율을 갑자기 낮추라는 정부 정책 때문에 기업들이 자산 재평가를 통해 자산 가치를 '인위적'으로 늘렸기 때문이라고 한다. 결국 이런 인위적 증가분을 배제하면 우리 제조업체의 유형 자산은 이 기간 연평균 2% 가량 감소했다고 봐야 하는 셈이고, 그것은 자산의 노후화에 따른 감가상각을 보충할 만큼도 투자를 하지 않는다는 말이 된다.

이공계 졸업생의 대부분이 제조업체에 취직하거나 이를 직간접적으로 돕는 연구직에 종사하게 되는 현실에 비춰 볼 때 이렇게 제조업의 미래가 어두워지면 이공계 직업의 상대적 매력도 떨어질 수밖에 없다.

물론 이공계 인력만 중요한 것은 아니다. 의사나 변호사도 사회에 꼭 필요한 존재들이다. 그러나 우리나라가 선진 대열에 진입하고, 중국 등의 추격을 피하려면 고급 과학 기술 인력의 양성은 절대절명(絶對絶命)의 과제라 할 수 있다. 최근 정부가 이공계 기피 현상의 심각성을 인정해 이공계 최고급 연구 인력에 대한 병역 특혜를 부활하고, 정부 공무원 채용에서 이공계 출신의 비율을 늘리는 특별 대책을 내놓은 것도 그 때문일 것이다.

그러나 이런 대책은 근본적인 해결책이 되지 못한다. 병역 특혜는 극소수 최고급 연구 인력에게만 주어지는 것일 뿐이다. 과학 기술 발전을 위해서는 훨씬 더 광범위한 인력에게 이공계를 지원할 유인책의 제공이 필요한 것이다.

이공계 출신 공무원 임용 확대도 과학 기술과 행정 간에 다리를 놓아 주는 중요한 집단을 양성하겠지만, 이는 이공계 인력의 일반에 해당되는 이야기가 아니라는 점에서는 크게 기대할 게 못 된다. 진정으로 이공계에 우수 인력을 끌어들이려면 투자를 가로막는 제도와 정책을 고쳐 제조업에 다시 활력을 불어 넣고, 노동 시장 유연화를 빙자한 고용의 불안정성을 시정해야 한다.

그렇게 해서 이공계 일자리가 장래성 있고, 안정적인 미래를 보장해 줄 수 있다는 확신을 젊은이들의 마음속에 심어 주지 않으면 이공계 기피 현상은 지속될 것이다.

『동아일보』 2003년 11월 12일

'빛 좋은 개살구' - 글로벌 스탠더드

말하자면 자유 시장이라는 게 선진국들의 이데올로기다.
그것을 아무 생각 없이 받아들인 나라는 발전을 못하고, 미국이나
독일처럼 무조건적인 자유 무역을 강력히
거부한 나라는 성공했다.

- 『사다리 걷어차기』는 그동안 경제학자들이 주장해 온 것, 즉 세계 경제는 자유로운 시장 덕분에 발전해 왔다는 주장을 뒤집어엎은 책인 것 같다. 세계 경제사에 대한 재해석이랄까.

"현재의 세계화론을 보면 이상으로 삼는 게 19세기 말부터 20세기 초까지의 고전적 자유 경제 시대이다. 그러나 사실 당시의 자유란 것은 결국 선진국의, 그것도 가진 자의 자유였을 뿐이다. 전반적으로 엄청나게 폭압적인 시대였다. 이 책에서 나는 이 같은 시대를 미화하는 부분을 지적하려고 했다. 주류 경제학에서는 절대 그 시대가 잘못된 역사라는 것을 얘기하지 않는다. 그것을 깨보려는 것, 즉 선진국이 발전한 이유가 자유 무역 때문이라는 이데올로기의 허구를 밝혀

보고자 하는 것이 집필 의도였다."

- 책을 보면 공식적 역사 속에 숨겨진 역사, 또는 숨겨진 학자들이 많이 등장한다. 그런 부분을 재발굴한 이유는 무엇인가.

"미국 초대 재무장관인 해밀턴(Alexander Hamilton)이라는 사람이 있다. 그는 우리가 흔히 독일에서 발명한 것으로 아는 '유치 산업 보호론', 그러니까 후진국 정부는 관세, 보조금, 쿼터 등을 통해 선진국에 비해 뒤떨어진 자국의 산업을 보호해야 한다는 이론을 처음 학문적으로 정형화한 인물이다. 그런데 그 사실을 미국인들도 잘 모른다. 10달러 지폐에서 매일 보는 사람인데도 말이다. 해밀턴은 미국 초창기에 당시 선진국인 영국 경제를 추격할 수 있는 시스템을 고안한 사람이다. 이 밖에도 미국의 경우 19세기 유명한 경제학자들은 거의 다 보호 무역주의자이고, 제도 경제학자였다. 그러나 현재 주류 경제학계에서 이들의 역사는 언급도 되지 않는다."

- 나온 김에 미국 이야기를 좀 더 해 보자. 책 내용을 보면 남북전쟁부터 제2차 세계대전까지는 미국이 가장 강한 보호 무역주의 국가였다고 나와 있다.

"미국은 당시 공산품 관세율이 세계에서 제일 높았다. 그때 영국의 스미스(Adam Smith), 프랑스의 세이(Jean Baptiste Say) 등 유럽의 주류 경제학자들이 전부 '땅 넓고 농업 자원 풍부하니까 미국은 농업을 해야 한다.'고 주장했다. 요즘 선진국들이 후진국들한테 하는 소리와 흡사하다. 그런데 해밀턴이 등장해서 '미국은 자유 무역해서는 절대 안 된다.'고 주장했다. 해밀턴은 생전에 자신의 주장이 완전히 관철되는 것을 보지 못했지만, 결국 미국은 1830년대부터 완전히 그의 정책 기조로 나갔다. 링컨(Abraham Lincoln) 대통령도 당시 가장 열렬하게 유치 산업 보호론을 주장한 정치인 중 하나였다. 그가 대통령이 되면서 미국의 관세는 종전의 두 배로 올랐다. 링컨의 경제 보좌관 중 하나인 헨리 캐리(Henry Carey)는 당시 미국에서 제일 유명한 경제학자였지만, 지금 그를 아는 사람은 거의 없다. 주류 경제학자들이 미국 보호 무역의 역사를 '어두운 과거'라고 묻어 버렸기 때문에 해밀턴과 더불어 캐리 역시 잊혀져 버린 것이다. 미국 시민전쟁, 다시 말해 남북전쟁은 두 가지 문제, 즉 노예와 관세 때문에 터졌다고 볼 수 있다. 그러나 둘 중에서 어느 것이 더 중요했는지를 따진다면 관세 문제가 더 직접적인 원인이었다고 봐야 한다."

발전기에 자유 무역 거부한 국가만 성공

– 영국은 어땠나. 처음부터 자유 무역으로 발전한 나라였나.

"전혀 그렇지 않다. 거기에는 어찌 보면 미국보다 더한 역사 왜곡이 숨어 있다. 영국이야말로 보호 무역의 원조 격이기 때문이다. 14, 15세기 무렵 유럽의 산업 중심지는 네덜란드와 벨기에, 그 중에서도 플랑드르 지방이었고, 영국은 유럽의 변두리였다. 그 당시 소위 '하이테크 산업'은 모직 공업이었는데, 거기서 영국은 양을 키우고 양털을 깎아 수출하는 원료 수출국이었다. 때문에 에드워드 3세, 헨리 7세 등 영국 왕들이 원료 공급국의 위치에서 벗어나야 된다고 생각한 것이다. 이들은 모직물 분야를 장려하기 위해 보호 관세를 매기고, 외국에서 기술자를 정부 돈 주고 초빙하는 등의 정책을 폈다. 특히 1721년에는 영국 최초의 수상이라는 월폴(Robert Walpole)이 무역 정책을 개혁했는데, 그 내용은 1960~1970년대의 한국이나 일본이 썼던 정책과 상당히 비슷하다. 우리나라가 수출 장려를 위해서 많이 쓰던 제도 중 하나가 수출 원료 관세 환급이라는 제도였다. 원료를 수입하면 관세가 붙는데, 그 원료로 제품을 만들어 다시 수출하면 처음에 냈던 관세를 돌려주는 거다. 물론 국내 시장에 제품을 팔면 그 돈을 돌려주지 않는다. 그렇게 함으로써 수출을 장려한 것이다. 나는 처음에 이 제도를 일본이 만든 것인 줄 알았다. 그런데 그게 아니라 이미 17, 18세기에 영국에서 월폴이 그 제도를 본격적으로 시행했다."

– 결국 지금 말씀하신 게 책의 내용이라면 이른바 자유 시장이 경제 질서의 시금석처럼 된 '지금, 여기'에 대한 비판인 셈이다.

"그렇다. 말하자면 자유 시장이라는 게 선진국들의 이데올로기다. 그것을 아무 생각 없이 받아들인 나라는 발전을 못하고, 미국이나 독일처럼 무조건적인 자유 무역을 강력히 거부한 나라는 성공했다."

– 개발 도상국들이 자유 무역으로 훨씬 불리해졌다는 것을 실증할 수 있는가.

"경제 성장률을 봐도 알 수 있다. 후진국들은 1960~1980년대에 보호 무역을 주된 무기로 산업화를 추진했다. 그러나 1980년대 들어 신자유주의가 득세하면서 각종 투자협정, 세계무역기구(WTO), 지역 FTA 등이 등장하면서 자국 경제를 보호할 만한 수단이 줄어들었다. 시장 자유주의자들은 '옛날의 수입대체 공업화가 실패한 만큼 신자유주의적 개혁을 택해야 한다.'고 주장한다. 그러나 실제로 경제 성장률을 보면 당시 후진국 평균 성장률은 3%대였다. 이 후진국들이 1980년대 이후엔 규제를 풀고 개방을 하게 되는데, 평균 성장률을 보면 1.5% 정도밖에 안 된다. 그것도 인도나 중국같이 완전히 시장을 개방하지 않은 나라들이 '선방' 해서 그 정도다. 예를 들어 남미를 봐라. 수입대체 공업화가 실패했다면서 자유화하고 개방·탈규제했지만, 지난 20년 동안 평균 경제 성장률이 0.6%에 불과하다. 남미는 과거에 3%씩 성장했는데도 말이다."

한국은 아직 완전 자유 시장 도입하기 일러

- 한국도 수입대체 공업화를 했다고 할 수 있겠다.

"한국이야말로 영국, 미국 등 유치 산업 보호 국가의 법통을 잇는 나라다. 사실 독일은 1830년대에 관세동맹을 맺기는 했지만 1871년까지는 통일된 나라가 아니었고, 두 차례에 걸친 세계대전을 거치면서 군수 산업으로 산업화가 왜곡되기도 했다. 영국, 미국처럼 깔끔하게 유치 산업 보호론으로 산업화된 나라가 아니라는 말이다. 그래서 영국, 미국 이후에 일본, 한국인 것이다. 한국이 처음에 포항제철 지으려고 돈 꾸러 다니니까 세계은행에서 미쳤다고 욕했다. 그리고 자동차 한다고 그러니까 세계에서 '돌았다'고 그랬다. 조선업도 마찬가지다. 당시로 보면 말도 안 되는 산업들만 한 것이다. 그리고 성공했다. 물론 국민들의 피땀이 있었기에 가능했지만. 어쨌든 한국은 유치 산업 보호론을 통한 발전의 전형적인 예라고 할 수 있다."

— 대체적인 경제 발전 패턴이 발전기에는 보호주의를 채택하다가 일정 수준이 되면 자유주의를 채택하는 것 같다. 한국의 경우는 옛날의 보호주의를 벗어 던지고 이제 자유주의로 가야 된다고 주장하는 사람들이 많은데, 어떻게 보나. 한국이 자유주의 해도 계속해서 발전할 수 있는 위치에 왔다고 보는가.

"나는 아직 그 위치까지 왔다고는 보지 않는다. 겨우 진입하려고 하는 상태다. 예를 들어 우리가 일본과 자유무역협정을 맺어서 이득을 볼 수 있는 나라인가. 우리나라는 일본에 적게는 20년, 크게는 40년 뒤져 있다. 물론 반도체처럼 1등 하는 것도 있지만, 전체적으로 볼 때 선진국은 아직 멀었다."

— 그렇다면 한국의 경제 발전 과정을 어떻게 봐야 하는 건가.

"1960년대 초에 아프리카 가나가 우리보다 1인당 소득이 2배가 넘었다. 그때 가나가 179달러고 우리나라가 82달러였다. 미국의 해밀턴이 그랬듯이 그런 나라를 현재처럼 바꿀 수 있는 시스템을 짠 게 박정희 정권이라는 것은 인정할 수밖에 없다고 본다. 물론 인권 탄압 등 나쁜 짓도 무수히 했다. 내 이야기는 다른 나라들은 성장도 못하고 인권도 보장 못하는 경우가 많은데, 그런 나라들과 비교하면 상대적으로 한국이 낫다는 것이다. 그러나 흔히 보는 박정희 찬양론과는 분명히 구별되어야 한다. 그런 주장들은 사실 역사 의식을 아예 가지고 있지 않다. 예컨대 이탈리아의 할아버지들이 기차가 늦게 오면 '무솔리니 때는 기차가 딱딱 정시에 왔다.'고 불평하는 것과 같다. (웃음) 지금 박정희의 샴쌍둥이를 찾는다면 '옛날 것을 싹 쓸어 버리고 소위 글로벌 스탠더드를 도입해서 우리도 미국식 자본주의를 해야 한다.'고 주장하는 사람들이라고 볼 수 있을 것이다. 이 또한 역사 의식 부족에서 나온 것이다."

글로벌 스탠더드는 '빛 좋은 개살구'

- 이른바 '글로벌 스탠더드' 그러니까 국제 기준은 무역과 자본을 가리지 않는 자유화라고 볼 수 있다. '글로벌'엔 지구적, 세계적이란 뜻이 있는데, 과연 그만큼 보편적인가.

"그게 중요한 문제다. 실제로 글로벌 스탠더드라고 내세워지는 것들 중에는 영미식, 특히 미국식 제도가 많다. 미국에서 시행하는 제도니까 그게 마치 선진국의 전부인 것처럼 받아들인다. 예를 들어 한국 기업들은 1997년 이전까지만 해도 부채가 많다고 공격 받았다. 하지만 글로벌 스탠더드로 따지자면 부채 비율이 높기는 선진국들도 마찬가지였다. 1980년대 기준이지만 스웨덴, 핀란드, 노르웨이 모두다 우리보다 기업 부채 비율이 높았고, 프랑스, 이탈리아, 일본은 우리나라랑 비슷했다. 부채 비율 낮은 게 좋다면 멕시코, 브라질은 미국보다 낮다. 그렇다고 해서 이 나라들이 선진국인가. 공기업 민영화만 해도 그렇다. 오스트리아, 프랑스에는 공기업들이 수두룩하다. 노르웨이, 핀란드도 나라마다 차이는 있지만 공기업들이 많기는 마찬가지다. 삼성자동차가 르노에 팔린 것이 '시장주의의 승리'라며 좋아한 사람이 많았다. 그러나 르노라는 회사는 1996년까지 완전 공기업이었고 삼성을 살 때까지만 해도 주식의 44%를 정부가 갖고 있는 사실상 공기업이었다. 따라서 삼성을 르노한테 팔면 그건 민영화가 아니라 '국영화'다. 다른 나라 국영화라서 그렇지.(웃음)

　- 미국의 경제 규범을 글로벌 스탠더드라고 하는 셈인데, 사실은 그렇지 않다는 것인가.

　"미국의 경우 연방정부가 산업 정책을 만들지 않으니까 상대적으로 정부 개입이 없는 것처럼 보인다. 그러나 주 정부들은 사실 상당히 개입하고 있다. 연방정부도 연구 개발(R&D) 지원에서는 세계 어느 나라보다도 개입주의적이다. 전체 연구 개발 비용의 60~70%를 연방정부에서 낸다. 국가 주도 경제라는 일본이나 한국도 20% 정도에 머무는 것을 볼 때 엄청난 규모가 아닐 수 없다. 그런데 미국은 밖에 나가서 '이건 산업 정책이 아니라 그냥 연구 개발 지원'이라고 말한다. 그걸 우리나라는 순진하게 믿는 거다. 미국이 말하는 것을 글자 그대로 믿어서는 안 된다. 한국은 미국식 자본주의로 가자면서 미국도 제대로 못 배우고 있다. 미국식이냐 북유럽식이냐, 혹은 보호주의냐 자유주의냐가 중요한 게 아니다. 한국의 상황을 객관적으로 인식하고 그에 맞는 모델을 만드는 게 먼저다."

국민과 재벌 간의 '대타협'이 필요하다

- 요즘 한국 경제가 매우 어렵다. 그런데 일부 대기업은 오히려 수익률이 상당히 높아졌다. 모두 '경기가 좋지 않아 죽겠다.'고 하고, 실업난은 개선 기미가 없고, 금융 시장마저 흔들리는 상황에서 기업 수익률만 괜찮다는 것은 참 이상하다. 이 같은 현상은 이른바 글로벌 스탠더드와도 관련되어 있는가.

"많은 기업들이 망했고, 반면 살아남은 기업들은 예전보다 이윤을 많이 내는데, 그게 국민 경제에 도움이 안 되고 있다. 기업들은 경영권이 불안하니까, 투자는 하지 않고 경영권 방어에 급급하고 있다. 외국인 주주 비율이 높아지면서 배당 요구가 높아지는 것도 상당한 압력이다. 물론 그 외국인들이 나빠서가 아니다. 외국인 주주들이 사는 나라들은 고령화 사회이기 때문에 금융 투자를 통해 고(高)배당을 얻어 내려 하는 게 당연하다. 하지만 우리나라는 아직도 투자하고 성장해야 하는 나라인데, 그 배당에 맞추려다 보니까 배당액만 옛날보다 3, 4배 늘어났다. 투자는 옛날의 3분의 1밖에 안 되고. 그러니까 일자리는 안 생기고 청년 실업 문제가 터지는 것이다. 지금 잘나가는 기업들은 투자는 않고 금융에만 열을 올린다."

- 최근 엘지카드 사태로 보면 책임에서 대안에 이르기까지 논란이 많다. 어떻게 보나.

"엘지의 경우 오너 측에게 '회사의 자금이 부족한 만큼 출자를 더하라.'고 했지만 사실 그건 주주 자본주의 원리에 맞는 것도 아니다.

주주 자본주의는 유한책임제에 입각한 것인 만큼 회사가 잘못되면 자기가 잃은 돈만 털고 나가면 된다. 그러니 재벌들이 '우리가 왜 그렇게까지 해야 하느냐.'고 반발하는 것이다. 기본적으로 영미식 시스템으로 가게 되면서 경제 활력이 떨어졌기 때문에 어쩔 수 없이 그런 고육지책을 쓰게 된 것이다. 그렇게 볼 때 한국의 금융 정책은 장기적으로 지탱될 수 없는 정책이다."

─ 선생님께서는 언젠가 하나의 대안으로 '대타협'을 말한 적이 있다. 올 들어 한국에서는 노동자를 비롯해서 굉장히 많은 이익집단들이 나섰고, 충돌도 많았다. 만일 국민과 재벌들이 대타협을 한다면 어떻게 해야 할까.

"정치적인 타협이 필요하다. 재벌을 통제하겠다는 차원에서 생각해 낸 방법이 주식 시장을 통해서 해결하자는 발상이다. 그 과정에서 우리나라의 경제 단계에 맞지 않는 배당 정책, 투자 정책을 써야 했다. 그 상황을 풀어 줘야 하는데, 그동안 국민들의 희생으로 성장한 재벌들이 거만하게 굴어 왔기 때문에 국민 감정상 용서가 안 된다는 것이 문제다. 그러나 재벌이 고사(枯死)하면 가장 큰 피해는 국민이 본다. 지금은 거꾸로 가서 기업들 법인세를 깎아 준다고 하는데, 그보다는 북유럽처럼 기업들에게 세금을 많이 내게 해서 복지 정책을 확대시키고, 노조도 확실히 인정하게 만들어야 한다. 대신 국민들은 재벌들의 경영권을 보장해 주는 식으로 타협할 수 있다."

대안적 세계화를 고민하자

– 대안적인 세계화 포럼을 만드신다고 들었는데 여기에 대해 말해 달라.

"아직은 가칭인데 '세계화와 개발 포럼'(Globalization & Development Forum)이 그 명칭(2004년 2월 말 정식 명칭이 개발을 위한 국제 포럼International Forum for Development으로 결정되었다. – 저자 주)이다. 세계화 속에서 후진국 문제를 바라보자는 포럼이다. 현재 세계화의 방향을 바꿀 수 있는 아젠다(agenda)를 짜 보자는 것이다. 인도 델리 대학 디팍 나이야(Deepak Nayyar) 총장과 내가 공동 의장이다. 우리는 다보스 포럼이나 세계사회포럼처럼 끼리끼리 모이는 게 아니라 기업인, NGO, 정부, 노동계, 학계 등 여러 다른 그룹의 사람들을 모으고자 하는데, 2004년 10월 뉴욕에서 첫 회의를 열 예정이다. 처음에는 소규모로 출발해서 한 해 한 해 유기적으로 키워 나갈 생각이다. 현재 내락을 받은 참여 인사들 중에는 전 아일랜드 대통령인 메리 로빈슨(Mary Robinson) 여사를 비롯해 스티글리츠(Joseph Stiglitz) 교수 등이 있다."

– 끝으로 세계화와 관련해서 우리가 가야 될 방향을 제시한다면.

"1964년 일본이 경제협력개발기구(OECD)에 가입하면서 자본 시장을 개방하게 됐다. 당시 미국 자동차 회사 GM 하나가 일본의 10개 자동차 회사 모두 합친 것보다 생산량이 두 배가 넘었던 시절이다. 그래서 '열면 다 잡아 먹힌다.'는 위기 의식이 일본 내에 팽배했고, 그 결과 관련 기업들이 서로 우호 지분을 확보해 줬다. 주거래 은행이 3% 정도 사 주고, 보험회사가 2% 사 주고 하는 식으로 각 기업들이 50% 내지 60% 정도의 우호 지분을 확보한 것이다. 자본 시장이 열린 뒤 미국이 이걸 다 잡아먹어야겠다고 들어왔지만 아무리 사 모아도 일본 기업들을 인수할 수가 없었던 것도 그 덕분이다. 적게는 50% 많게는 70%의 주식이 살 수 없는 것이었기 때문이다. 회사 금고에 주식을 넣고 잠가 버렸으니 당연한 일이지만…. 요즘에야 다른 방어 기제가 많지만 개방 초기에는 이 방법이 없었으면 도저히 방어할 수 없었을 것이다. 그렇게 기존의 틀 속에서도 뜻이 있으면 돌파할 방법을 찾을 수 있다. 하루라도 빨리 지금의 경제 시스템을 한국적 상황에 맞게 교정해야 한다."

월간 『말』 2004년 1월호

PART 5 **사지선다**형 **경제학**을 넘어서

우리 몸속의 '이중 잣대'

'개혁'을 외치는 사람들도 이중 잣대를 들이대기는
마찬가지다. 재벌에게는 지배 구조와 회계의 투명성을 높일 것을
주장하지만, 그 재벌을 공격하는 외국 펀드의 지배 구조와
투명성에 대해서는 별 말 없이 지나간다.

우리는 우리 민족이 평화를 사랑하는 민족이라고 생각한다. 역사
교과서도 우리 민족이 남을 침략하지 않고 평화롭게 살았다는 것을
강조한다.

그런데 우리가 숭배하는 역사적 인물 중의 하나가 광개토대왕이
다. 우리 민족이 남을 침략한 적이 없다면 광개토대왕은 어떻게 땅을
넓혔을까. 평화를 사랑하는 민족이라면서 과연 이런 '침략자' 왕을
찬양할 수 있을까.

더 큰 문제는 많은 사람이 '평화를 사랑하는 민족'이라는 이미지
와 '우리 민족의 기상을 떨친' 광개토대왕에 대한 찬양이라는 두 가
지 사실 간의 모순 관계를 보지 못한다는 것이다. 이중 잣대의 적용

이라고 하지 않을 수 없다.

비단 역사 해석의 경우뿐만이 아니다. 우리 정부는 세계무역기구 (WTO)에서 무역 협상을 할 때 공산물 관세 문제가 나오면 선진국에 가세해 후진국 관세의 인하를 주장한다. 그러다 농산물 보호 문제가 나오면 '개발 도상국 지위'를 유지하겠다고 한다. 우리 편한 대로 선진국 행세를 했다가 후진국 행세를 하는 '박쥐 외교'를 하는 것이다. 그러면서 부끄러워하지도 않는다. 아니 오히려 통상 외교를 유연하게 잘한다고 생각한다.

'개혁'을 외치는 사람들도 이중 잣대를 들이대기는 마찬가지다. 재벌들에게는 지배 구조와 회계의 투명성을 높일 것을 주장하지만, 그 재벌들을 공격하는 외국 펀드의 지배 구조와 투명성에 대해서는 별 말 없이 지나간다. 미운 재벌을 혼내 주는 외국 펀드가 고마워서 그런지는 모르겠지만, 이것도 이중 잣대라 아니할 수 없다.

기업들은 또 어떤가. 노사 분규가 일어나면 법대로 엄격히 대처해야 한다며 목소리를 높이면서 정치 자금 수사를 당하면 정치적 문제이니 '선처'를 바란다고 한다. 노사 분규나 정치 자금 모두 정치성을 띤 문제이니 둘 다 정치적 타협을 바탕으로 풀어야 한다고 주장하면 납득할 수 있겠지만, 자기들에게 유리한 것에 대해서는 법대로를 외치고 불리한 것에 대해서는 정치적 고려를 해 달라는 것은 설득력이 없다.

개방과 자유화를 외치는 사람들도 예외가 아니다. 이들이 흔히 세계화의 귀감으로 삼는 나라는 싱가포르나 핀란드다. 그러나 이들은 싱가포르의 토지가 국유화되어 있다거나, 핀란드의 노조 조직률이 80%가 넘는다는, 자기들에게 불리한 이야기는 하지 않는다.

물론 이중 잣대의 적용은 우리만의 현상이 아니다. 미국은 다른 나라의 산업 정책을 비난하지만, 정작 자신들은 또 다른 형태의 산업 정책을 펼치고 있다. 우리나라나 일본이 연구 개발(R&D)에 지원하는 정부 지원 비중이 20% 정도에 그치는 데 반해 미국의 경우에는 정부 지원 비중이 60~70%에 달하는 식이다. 또 유럽연합 국가들은 후진국에는 자유 무역을 설교하면서 자국의 농업은 엄청나게 보호하고 있다.

그러나 이중 잣대의 적용으로 말하면 우리나라 역시 세계에서 둘째가라면 서러울 정도다. 그 가장 큰 이유는 우리나라의 경우 지난 40여 년간 워낙 급격한 경제 성장을 했는 데 반해 정신적 발전은 물질적 발전을 따라가지 못한 탓에 가치관의 혼란을 겪고 있기 때문이다. 1961년 우리나라의 1인당 국민소득이 82달러였을 때 지금 우리가 근근이 카카오나 팔아 입에 풀칠하는 나라로 여기는 가나의 국민소득은 179달러였다. 40여 년 후 우리나라의 소득은 1만 달러 수준에 달했지만, 가나는 350달러에 불과하다. 실로 엄청난 성장이 아닐 수 없다. 사정이 이렇다 보니 몸은 컸는데 정신은 따라가지 못하는 사춘기적인 혼란을 겪고 있는 것이다.

게다가 1997년의 외환 위기로 말미암은 정신적 충격이 컸다. 사람으로 말하면 사춘기에 아버지가 실직하고 정든 집에서 쫓겨나는 충격을 겪은 셈이다. 그 결과 우리의 체제가 부패하고 비효율적이기만 한 것으로 매도되면서, 과거는 오직 청산의 대상으로만 여겨지기 시작했다. 이중 잣대를 동원해서라도 과거를 청산하려는 노력이 시작된 것도 그 때문이라 할 수 있다.

인간이 완벽한 존재가 아닌 이상 어느 정도의 이율배반은 피할 수 없을 것이다. 그러나 우리 사회가 한 단계 더 도약하려면 이중 잣대로 표출되는, 가치관의 혼란을 극복하지 않으면 안 된다. 눈금이 다른 자를 가지고 제대로 된 집을 설계할 수는 없는 것 아닌가.

『동아일보』 2004년 3월 23일

머나먼 남아공에서의 교훈

남아공 이야기는 먼 나라 이야기가 아니다. 과거의
정치적 상처와 외환 위기 이후 갈수록 벌어지는 계층 간 격차로
인해 갈등의 골이 깊어 가는 우리에게 사회 통합의 중요성을 다시
한 번 생각하게 해 주기 때문이다.

1999년 6월 초 치러진 남아프리카공화국 선거에서 집권당 아프리카국민회의(African National Congress)가 3분의 2에 가까운 압도적 지지를 얻어 재집권했다. 1980년대 말만 해도 영국의 전 총리 대처(Margaret Thatcher) 여사가 "남아프리카공화국에서 아프리카국민회의가 집권하리라고 믿는 사람은 꿈나라(cloud cuckoo land)에 사는 사람이다."라고 했던 것에 비추어 보면 격세지감을 느끼지 않을 수 없는 사건이다.

남아프리카공화국의 역사는 17세기 초 케이프타운에 네덜란드계 이민들이 정착하면서부터 시작된다. 그것이 영국의 손에 들어가게 된 것은 1814년의 일. 당시 아시아 항로의 핵심 기착지인 케이프타

운을 탐낸 영국이 네덜란드와의 일련의 전쟁을 통해 그 지역을 점령한 것이다.

하지만 네덜란드계 주민들은 영국에 강력하게 반발한다. 땅은 척박하지만 대신 영국인들이 탐내지 않는 동북부 내륙으로 1830년대 말부터 이주하기 시작하여 1850년대에 두 개의 독립 국가를 수립한 것이다. 그러나 1860년대 이후 이 지역에서 대량의 다이아몬드와 금이 발견되자 영국은 1899년부터 1902년까지 이른바 보어 전쟁(Boer War)을 일으켜 소위 아프리카너(Afrikaaner)라고 불리던 네덜란드계의 독립 국가들을 말살하고 만다.

이렇게 백인들끼리 영토 다툼을 벌이는 과정에서 흑인들은 노예로 전락하거나, 백인들이 불모지에 세운 '보호 구역'에 갇혀 참정권도 얻지 못한 채 빈곤에 시달리며 인간 이하의 생활을 하게 된다. 그런데 그것만으로도 부족했는지 아프리카너계 백인들은 1948년 극단적인 인종차별주의를 주장하는 국민당(National Party)을 집권시키는데 이어, 네덜란드 어로 분리를 의미하는 아파르트헤이트(Apartheid) 정책을 시행하기까지 한다. 법적으로 백인과 유색 인종의 결혼 및 성교를 금지하는 것은 물론이고, 거주 지역과 교육 기관을 분리하고, 유색 인종의 취업을 제한하는 등의 고강도 인종차별 정책을 편 것이다.

그 이래 유색 인종에 대해 엄청난 인권 탄압과 폭력이 자행된 것은 널리 알려진 사실이다. 1950년대 인권 변호사로 활약하던 만델라(Nelson Mandela)의 경우에는 1964년 종신형을 받고 30여 년에 가까운 감옥 생활을 하였을 정도이다. 하지만 만델라는 그에 굴하지 않고 인종차별 철폐와 민주화의 신념을 간직한 채 반(反)아파르트헤이트 투쟁의 정신적 지주 역할을 했다.

그렇게 거듭되는 국내적 저항과 갈수록 강력해지는 국제 사회의 압력에 견디지 못하고 데 클럭(F.W. de Klerk) 대통령이 만델라를 석방하고 아프리카국민회의를 합법화한 것은 1991년의 일이었다. 그리고 이어서 1994년 당초 약속대로 백인만이 아닌 전 국민이 참가하는 가운데 총선이 치러졌고, 그 결과 아프리카국민회의가 집권하게 되었다.

아프리카국민회의는 그 이후 5년간 예상을 뒤엎고 매우 온건한 인종 간 화합 정책을 펴 왔다. 그러한 아프리카국민회의의 정책은 사회 평화를 가져왔다. 하지만 지나치게 백인들의 기득권을 존중함으로써 흑인들의 생활 개선과 그를 통한 사회 통합에 실패했다는 비난도 높다.

아직도 남아프리카공화국은 세계에서 빈부 격차가 가장 크고, 공식 실업률도 35%가 넘으며, 흑인 중산층은 극소수에 불과한 형편이다. 그런데도 백인 소유의 대기업들은 석연치 않은 이유로 국내 투자는 줄이고 해외로 나돌기만 하면서 그렇지 않아도 1980년대 국제 제재와 정치 불안으로 멍이 든 경제를 더욱 시들게 하고 있다.

이런 과정을 놓고 볼 때 흑인들이 이번 선거에서도 아프리카국민회의에 표를 던진 것은 현상에 만족해서라기보다는 별다른 대안이 없기 때문이라 할 수 있다. 게다가 음베키(Thabo Mbeki) 신임 대통령의 경우 만델라 전(前) 대통령과 같이 국민의 절대적 추앙을 받는 인물이 아니다. 그의 정권이 앞으로 몇 년 안에 가시적인 결과를 이루지 못하면 흑인들의 불만이 행동으로 불거져 나올 수도 있을 것이라는 우려는 그래서 나오는 것이다.

남아프리카공화국의 이야기는 먼 나라의 이야기가 아니다. 과거의 정치적 상처와 외환 위기 이후 갈수록 벌어져 가는 계층 간 격차로 인하여 갈등의 골이 깊어 가는 우리에게 사회 통합의 중요성을 다시 한 번 생각하게 해 주는 나라이기 때문이다.

『한국일보』 1999년 8월 5일

스티글리츠의 당당한 사임

'워싱턴 합의'에 대해 비판적 견해를 가지고 있는 사람은
적지 않지만 스티글리츠처럼 핵심적 위치에 있으면서도 그 취약점을
신랄하게 공격할 수 있을 만한 지적 자신감과 정치적 용기가
있는 사람은 많지 않다.

지난 1999년 11월 24일 세계은행의 수석 부총재 스티글리츠
(Joseph Stiglitz) 박사는 자신의 임기가 끝나는 내년 2월 말까지 기다
리지 않고 올해 말에 사임할 것임을 밝혔다.

이렇게 이야기를 끄집어 내면 그게 뭐 그리 대단한 사건이냐고
하는 사람도 많을 것이다. 그가 비록 당시 강력한 노벨상 후보 중의
하나(스티글리츠 교수는 결국 2001년 노벨상을 수상하였다. ─ 저자 주)
로 꼽힐 정도로 저명한 경제학자이고, 세계은행의 부총재라고는 하
지만, 한 개인이 그 직위를 사임하는 것 자체가 무슨 의미가 있겠느
냐고 생각하기 쉽기 때문이다.

하지만 스티글리츠 부총재의 사임은 단순히 그 개인의 거취 문제

이상의 의미를 갖는 사건이다. 미국의 예일·프린스턴·스탠퍼드 대학과 영국의 옥스퍼드 대학 등 세계 유수 대학의 교수를 거치고 클린턴(Bill Clinton) 미국 대통령의 경제자문위원회 의장을 지낸 뒤 1997년 3월 세계은행 부총재로 취임한 스티글리츠 교수는, 특히 아시아 경제 위기를 계기로, 미국 재무부와 국제통화기금(IMF) 그리고 세계은행 간에 이루어져 있는 경제 정책에 대한 소위 '워싱턴 합의'(Washington Consensus)에 대해 지속적으로 의문을 제기하면서 경제 정책 논의의 지평을 넓혀 왔다.

아시아 경제 위기가 발생했을 때 '워싱턴 합의'를 지지하는 경제학자들은 아시아 경제들이 통화 가치 붕괴를 막고 외국인 투자자들의 '신뢰'를 회복하려면 고(高)이자율 정책을 써야 한다고 주장하였다. 그러나 그때 스티글리츠 부총재는 고이자율 정책은 기업의 도산을 증가시켜 경제 침체를 가속화하는 관계로 오히려 경제에 대한 신뢰를 저하시킬 수 있다면서 IMF 정책에 노골적으로 반기를 들다가 세계은행 제임스 울펀슨(James Wolfensohn) 총재로부터 함구령을 받기까지 하였다.

하지만 결국에는 스티글리츠의 분석이 옳았다. IMF의 처방을 받아들인 한국을 비롯한 아시아 국가들에서 고이자율 정책으로 말미암아 ─ 한국의 경우에는 30% 선까지 올라갔다 ─ 엄청나게 많은 기업들이 도산하고 경제가 극도로 침체하게 된 것이다. IMF도 나중에는 고이자율 정책의 실패를 인정하고 경기 부양 쪽으로 정책을 급선회했다. 사실상 스티글리츠의 손을 들어준 것이다. 그러나 그 과정에서 스티글리츠는 미국 재무부나 IMF에 의해 '요주의 인물'로 지목되었다.

스티글리츠는 이후로도 세계 각지의 회의와 학술대회를 통해 '워싱턴 합의'에 대한 비판을 계속하였다. 가령 그는 아시아 경제 위기가 투명성 결여와 부정부패에 기인한 것이라는 통설을 비판하고, 아시아 경제 위기는 성급한 금융 자유화와 금융 규제 장치의 미비에 기인한 것이라고 주장한다. 그는 또한 러시아 등 구(舊)사회주의 국가들의 개혁에 있어서도 '워싱턴 합의'에 기초한 충격 요법의 실패를 신랄하게 비판하고 나서서 논란을 일으킨 바 있다.

물론 스티글리츠의 주장이 전적으로 새로운 것도 아니고, 현재에도 그와 유사한 주장을 하는 사람이 없는 것도 아니다. 그가 금융 시장에 대해 펼친 많은 주장들은 1930년대 케인스(John Maynard Keynes)나 1970년대 킨들버거(Charles Kindleberger), 민스키(Hyman Minsky) 등의 경제학자들이 했던 주장들과 유사한 것이고, 아시아 경제 위기 및 구사회주의 국가 개혁의 충격 요법과 관련해서도 많은 다른 경제학자들이 '워싱턴 합의'를 비판했던 것이 사실이다.

그러나 스티글리츠의 발언들이 중요했던 것은 그가 '워싱턴 합의'의 핵심부에 위치하고 있었음에도 불구하고 그 합의에 의문을 제기할 만큼 지적 독립성과 용기가 있었다는 점이다. 그런 점에서 미국 재무부나 IMF에서 그를 눈엣가시와 같이 여겼던 것도 무리는 아니라 할 수 있다.

이번에 그가 임기를 채우기도 전에 물러나게 된 데 대해서도 워싱턴 관가에서는 로렌스 서머스(Lawrence Summers) 미국 재무장관이 세계은행 울펀슨 총재의 연임 인준 조건으로 스티글리츠 부총재의 축출을 묵시적으로 요구했다는 소문이 떠돌고 있을 정도이다.

이 소문이 사실인지 아닌지는 모른다. 하지만 어쨌든 그러한 소문이 떠돌고 있다는 사실 자체가 스티글리츠가 '워싱턴 합의' 그룹을 얼마나 불편하게 했는지, 그리고 '워싱턴 합의' 그룹이 얼마나 독선적인지를 보여 준다고 할 수 있다.

'워싱턴 합의'에 대해 비판적 견해를 가지고 있는 사람은 적지 않지만 스티글리츠 부총재처럼 워싱턴의 핵심부에 앉아 있음에도 불구하고 '워싱턴 합의'의 취약점을 신랄하게 공격할 수 있을 만한 지적 자신감과 정치적 용기가 있는 사람은 많지 않다. 누가 그의 후임이 되든 그는 전임자에 버금가는 족적을 남기기가 쉽지 않을 것이다.

『문화일보』 1999년 11월 30일

노무현과 룰라에 대한 편견과 오해

전반적인 정책 구도는 일반 국민을 힘들게 하는
신자유주의로 가져 가면서 재벌 총수 몇 명 잡아가두고 외국 자본에
재벌 기업 몇 개 매각하는 것이 진보라고 생각하는
노무현 정부도 문제이다.

2002년의 극적인 선거전에서 노무현 후보가 예상을 뒤엎고 대통령 당선된 지도 한 해가 막을 내리고 있다. 노무현 후보는 광주사태 청문회 때 날카로운 논리로 군부를 몰아세운 전력을 가지고 있고, 운동권 출신의 참모들을 많이 거느리고 있는 등 한국적 맥락에서는 진보적 성격이 강하다고 여겨지던 인물이었다.

이러한 노 후보가 당선되었으니 노 후보보다 두 달 전인 2002년 10월 브라질 대통령에 당선된 좌파 노동자당(PT)의 루이즈 이나시오 다 실바(Luiz Inacio da Silva), 일명 '룰라'(Lula) 후보와 비교하는 사람들이 생기는 것도 자연스런 일일 것이다.

하지만 룰라 후보의 당선은 노무현 후보의 당선보다 몇 배 더 놀

라운 일이다. 세계에서 빈부 격차가 가장 심하고 계급 구조가 고착되어 있는 브라질에서, 초등학교만 나오고 일선 노동자로 일하다가 산재(産災)로 손가락까지 잃은 노조 지도자 출신의 룰라가 대통령이 되었다는 것은 거의 기적에 가까운 일이었다. 많은 브라질 사람들이 이런 결과에 대해 유럽인들에 의한 브라질의 식민화가 시작된 이래 지속되어 온 '500년간의 불의(不義)'를 뒤집어엎은 역사적인 사건이라고까지 평가하는 것도 이런 배경 때문이다.

노무현과 룰라의 차이

최근 들어 노무현 대통령에 대한 비판이 늘어나면서 그와 룰라 대통령 간의 차별성을 강조하는 사람들이 많이 나오고 있다. 특히 보수 진영에서 많이 나오는 이야기인데, 룰라는 좌파적 정책을 버리고 친(親)시장주의로 방향을 선회하였고, 그 결과 브라질 경제는 잘 나가고 있는 데 반해 노무현은 성장보다 분배를 중시하는 좌파적 정책을 고수함으로써 우리 경제가 심각한 침체를 겪고 있다는 것이다.

이것이 과연 사실인가?

이런 식의 분석이 가진 가장 큰 문제점은, 룰라 정부와 노무현 정부가 기본적 성격이 유사하다는 기본 가정 자체가 잘못 되었다는 것이다. 룰라 정권은 '노동자당'이라는 노동 운동·농민 운동 등에 강한 풀뿌리 조직을 가지고 있는 진정한 대중 정당에 기반한 정권이다. 이에 반해 노무현 정권은 민중 조직에 거의 뿌리를 두지 못한 정권이고, 따라서 그 진보성이 매우 취약할 수밖에 없다.

　보수파에서는 "노 정권이 성장보다는 분배를 중요시하여 경제를 망친다."고 비난하지만, 실제 노 정권이 소득 재분배를 위해 한 일은 거의 없다. 기껏해야 부동산 보유 및 양도세 강화 정도뿐이다. 노 정권의 정책을 보면 규제 완화·민영화·자본 시장 개방·외국 자본에 대한 우대·법인세 감면·노동 시장 유연화 등 진보와는 거리가 먼 신자유주의 정책들이 주를 이루고 있다.

　노무현 정권이 진보적으로 비추어지는 주된 이유는 재벌에 대해 제동을 많이 걸기 때문인데, 이것도 과연 진정으로 진보적인 정책이라고 할 수 있는지 의문이다. 왜냐하면 노 정권의 재벌 통제는 1인 1표의 원칙에 기반을 둔 민주주의적 통제가 아닌, 1주 1표의 원칙에 기반을 둔 주주권을 통한 통제이기 때문이다.

　우리나라에서는 노조들마저도 재벌과 싸우기 위해 소액 주주의 권리 강화를 주장할 정도로 주주 자본주의가 진보적인 정책으로 알려져 있지만, 이는 실제로 노동자의 이익과 크게 배치되는 정책으로, 다른 나라에서는 우파 세력들, 그것도 금융 자본에 우호적인 세력들이 주로 추구하는 노선이다.

　물론 일부에서 주장하는 것처럼 노무현 정부가 실제로 편 정책들은 국내외적 제약에 의해 원래 계획했던 것보다 더 보수적이 되었을 수도 있다. 룰라 정권도 집권 이후 국내총생산(GDP)의 57%에 이르는 국채에 대해 부도를 내지 않기 위해 국내총생산의 10%에 해당하는 막대한 이자를 지불해 왔고, 그러기 위해 고(高)이자율 정책을 유지하는가 하면, 이자 지급 비용을 제외하면 정부 재정 흑자가 국내총생산의 5%에 달할 정도로 엄청난 긴축 재정을 운영하는 등 거시 경제 정책에서는 보수적 노선을 추구해 온 것이 사실이다.

그러나 이러한 가운데에서도 룰라 정권은 전투기 구입 계획 취소, 정부 운영비 절감 등을 통해 마련한 재원을 가지고 소위 '기아(飢餓) 제로'(famine zero) 정책을 통해 결식 가구 중 130만 가구에 하루 세 끼 식사를 제공하는가 하면, 360만 빈곤 가정에 '가족 수당'(bolsa familia)을 지급하는 등 빈곤층 구제에 힘을 쓰고 있다. 또 지주 세력이 강한 브라질의 정치적 여건에도 불구하고 100만 여 가구에 토지를 유·무상으로 배분하거나, 저리의 영농 자금을 융자해 주는 토지 개혁 프로그램도 준비하고 있다.

노무현 정부가 과연 이렇듯 룰라 정부처럼 '진보적인 복안'을 가지고 현실의 제약을 수용하면서도 최대한으로 그 목표를 추구하려 하였는지는 의문이다.

무엇이 진보적 정책인가?

그와 함께 분명히 지적되어야 할 사항은 노무현 정권을 비판하는 세력이 주장하는 것처럼 브라질 경제가 그렇게 잘 나가고 있지 않다는 것이다.

'룰라 정부의 성공'을 말하는 사람들이 주로 인용하는 것은 브라질 증권 시장의 호황이다. 하지만 정말로 국가 경제의 미래와 일반

대중의 삶을 생각한다면 중요한 것은 주가가 아니라 성장과 고용이다.

그런데 그 기준에서 보면 룰라 정부의 첫해는 커다란 실패였다. 2003년 브라질의 경제 성장률은 0% 선으로 예측된다. 인구 증가율이 1.4% 가량이니 1인당 소득이 사실상 1.4% 가량 줄었다는 이야기이다.

그렇게 된 가장 큰 원인은 물가 안정 위주의 거시 경제 정책이다. 금융 소득의 안정을 위해 물가 안정에 연연하다 보니 아직도 실질 이자율이 8~10%에 달하고, 그 결과 투자가 제대로 이루어지지 않아 실업률이 13%에 달하는가 하면 실질 임금은 지난 1년간 약 15%나 떨어진 것이다. 결국 금융 자본의 입장에서는 브라질 경제가 성공이었는지 모르지만 그 외의 다른 어떤 기준으로 보아도 이것은 명백한 실패이다. 그런데 이것이 우리가 본받아야 할 '성공 사례'라는 것은 말이 되지 않는다.

그리고 중요한 것은 룰라 정부도 이러한 경제의 실패를 인정한다는 점이다. 그러나 전(前) 정권이 남겨 준 국채가 워낙 많고, 금융 자본가들이 룰라의 노동자당에 대해 가지고 있는 불신이 워낙 컸기 때문에 최소한 첫해에는 이러한 보수적인 정책들이 불가피했다는 것이 룰라 대통령을 비롯한 각료들의 변명이다. 아직도 70%대를 유지하고 있는 룰라 대통령의 지지도를 보면 일반 국민들도 이러한 논리를 받아들이고 있는 것은 틀림없다.

그러나 이러한 상황이 지속될 수는 없다. 대중적 기반이 없는 관계로 민생 문제를 상대적으로 등한시 한 채 2급수니 4급수니 해 가며 상대적 '도덕성' 차원에서 정치 게임을 벌일 수 있는 노무현 정부와는 달리, 풀뿌리 조직이 강한 정당에 기반한 룰라 정부는 민생 문제를 최우선으로 삼을 수밖에 없기 때문이다.

룰라 정부의 경우 내년 중에 노선을 수정, 이자율을 더 낮추어 투자를 촉진함으로써 1~2년 내에 성장과 고용을 창출해 내기 시작하지 못하면 당 내부의 반발로 위협을 받게 될 것이다. 거기서 결정적으로 문제가 되는 것은 국내총생산의 10%에 달하는 국채에 대한 원리금 상환 부담이다. 이 문제의 해결을 위해서도 룰라 정부는 기존 국채의 상환 연기나 금리 인하를 필요로 할 것이다. 하지만 그 협상이 원만하게 이루어지지 않으면 금융 위기가 일어날 가능성도 있다. 그럼에도 룰라 정부의 입장에서는 그런 방향으로 정책 노선을 수정하지 않고서는 정권의 존립이 위태롭다.

주식 시장이나 여타 금융 지표만 가지고 브라질 경제가 잘 되고 있다고 하는 보수파 논객들이 문제인 것은 사실이다. 하지만 전체적인 정책 구도는 일반 국민을 힘들게 하는 신자유주의로 가져 가면서 재벌 총수 몇 명 잡아 가두고 외국 자본에 재벌 기업 몇 개 매각하는 것이 진보라고 생각하는 노무현 정부도 문제이다. 이제 진정으로 국민 다수를 위하는 진보적인 정책이 무엇인가를 다시 생각해 볼 필요가 있다.

『오마이뉴스』 2003년 12월 30일

"동북아 금융 허브?" 헛고생 마라

앞으로 100년간 손실을 보전해 준다는 약속이 있으면 모를까,
그런 약속 없이 국제 금융 센터들이 한국으로 옮겨 올 리 만무하다.
동북아 금융 허브는 좋은 말로 헛고생이고, 자칫
남의 장단에 춤추는 꼴이 될 수 있다.

글로벌 스탠더드 강요하면 안 된다

─ 미국은 제3세계와 개발 도상국이 성장하려면 글로벌 스탠더드를 받아들여야 한다고 주장하는데….

"글로벌 스탠더드나 건전한 기업 지배 구조는 경제 성장의 원인이라기보다는 결과이다. 경제가 성숙해 선진국에 진입한 다음에 형성된 것이지, 선진국으로 가는 길목에서 도입된 게 아닌 것이다. 개발 도상국이 자신들의 경제 발전 경로를 선택하려 할 때 그런 식으로 역사적으로 왜곡된 정보를 줘서는 안 된다. 물론 발달된 선진 제도와 시스템을 받아들이는 것은 필요하다. 그러나 문제는 우리의 발달 단

계에 맞고 사회적 목표에 부합하는 제도인지를 따져 봐야 한다는 것
이다."

– 역사적으로 왜곡된 정보란 무엇을 뜻하는가.

"선진국들이 개발 도상국과 후진국에게 자유 무역과 외국인 투자
개방을 외치고 있지만 사실 그들이 후진국 혹은 개발 도상국이었을
때는 보호 무역을 하고 외국인 투자를 철저히 규제했다. 자유방임 시
장 논리를 전파하는 미국을 보자. 유치 산업 보호의 원조이자 모국은
사실 미국이다. 미국은 19세기에 세계 최고의 관세율로 유치 산업을
보호했는데, 1890~1910년 관세가 가장 높았던 시기에 미국의 경제
성장률이 가장 높았다. 또 제1차 세계대전 이전까지만 해도 미국은
금융업 · 해운업에 대한 외국인 투자를 아예 금지했고, 농지 · 광산 채
굴 · 벌목권에 대한 외국인 투자도 강력히 규제했다. 심지어 인디애
나 주에서는 외국 기업의 경우 아예 법적 보호도 못 받게 했을 정도
이다. 미국은 지금도 국내 산업을 철저하게 보호한다. 정부가 개입
해 산업 정책을 펴고 있는 것이다. 가령 전체 연구 개발(R&D) 비용
을 보면 한국과 일본은 정부 지출이 20% 가량인데, 미국은 60~70%
에 달한다. 국방 · 항공 · 컴퓨터 · 생명공학 분야 등 첨단 분야에서 미
국 정부는 그런 식으로 차세대 성장 동력을 키우고 있는 것이다. 맥
도넬 더글러스(McDonell Douglas) 사가 보잉 사에 통합될 때도 민간
'시장'에서 자유롭게 인수 합병이 일어난 게 아니다. 미 국방성이 더
글러스 사의 납품을 세 차례 연속 거부하는 방식으로 간접적으로 개
입해 조용히 통합시킨 것이다.

– 자유 무역은 제국주의 팽창 논리이고 다른 나라의 산업화를 봉쇄하려는 정책인가.

"세계무역기구(WTO)는 '개발 도상국, 너희들 지나치게 국내 산업을 보호하려다 다 망했잖아?' 하면서 유치 산업 보호는 잘못 쓰면 스스로 다치는 칼이라고 주장하고 있다. 자기들은 그런 칼을 쓴 적이 없다는 것이다. 그러나 보호 무역을 잘못 써서 실패한 나라도 있지만, 보호 무역을 쓰지 않고도 성공한 나라는 없다. 미국이 제2차 세계대전 뒤 무역과 투자에 대한 규제를 대폭 완화했지만 그것은 미국이 세계 경제에서 최강국이 되면서 자유화가 자국의 이익에 더 유리했기 때문이지, 뒤늦게 자유 무역 이론이 옳다는 것을 깨달았기 때문이 아니다."

– 각종 규제나 노사 관계 때문에 외국인 투자가 줄어들고 있다고 하는데….

"외환 위기 이후 외국 자본에 부실 기업을 마구 팔 때 외국인 직접 투자가 크게 늘었다. 지금 와서 그때에 비해 직접 투자가 떨어졌다고 난리를 치는 것이 옳은가? 또 이런 결과가 경제 정책의 실패 탓이라고 하는데, 그러면 지금도 그때처럼 기업을 막 팔아치워야 한다는 말인가? 외국 자본이 한국에 들어올 때는 물건을 팔 시장이 얼마나 큰지, 시장이 성장하고 있는지, 노동력의 질이 어떤지 등을 따지는 것이지 노사 관계·규제·법인세 같은 건 그리 중요하게 생각하지 않는다. 세금 인센티브(incentive)로 끌어들인 외국 자본은 그 매력이 없어지면 언제든 보따리 싸서 떠나 버리게 마련이다. 사실 떠나는 자본은 아무 말 없이 조용히 빠져나간다. 한국을 떠날 생각이 없고, 나가기 어려운 외국 자본만이 꼭 노사 관계가 어떠니 규제가 어떠니 하고 문제 삼는다."

— 자본에 색깔과 꼬리표가 있는 건 아니지 않은가.

"자본에 국적이 없다는 말은 강대국 자본들이 만들어 낸 신화에 불과하다. 자본에 국적이 없다지만, 자본의 핵심 경영진은 철저하게 국적을 따른다. 물론 기업과 은행을 무조건 한국 사람이 가져야 한다는 말은 아니다. 자본이 어떤 식으로 행동하느냐가 문제다. 한국 경제 시스템을 재조직해야 하는 시점인데, 은행 중심으로 가는 것인지, 펀드 중심으로 가는 것인지, 재벌 중심으로 가는 것인지 명확한 청사진이 전혀 없다는 게 문제다."

— 동북아 금융 허브 구상은 실현 가능성이 있다고 보는가.

"세계 금융의 중심이 암스테르담, 런던, 뉴욕으로 이동한 것은 그 나라의 제조업 발달을 기반으로 한 것이다. 앞으로 100년간의 손실을 보전해 준다는 약속이 있으면 모를까, 그런 약속 없이 오랫동안 홍콩, 싱가포르에 뿌리박고 영업해 온 국제 금융 센터들이 한국으로 옮겨 올 리 만무하다. 동북아 금융 허브는 좋은 말로 헛고생이고, 자칫 남의 장단에 춤추는 꼴이 될 수 있다. 허망한 꿈을 좇을 게 아니라 잘할 수 있는 곳에 우리 경제의 역량을 집중해야 한다."

— 우리나라 재벌 체제는 어떻게 개혁하는 게 바람직한가.

"삼성전자와 현대자동차의 대성공, 그리고 삼성자동차 실패는 재벌 체제라는 같은 구조에서 나온 것이다. 재벌 체제는 자금 동원력을 통해 대규모 투자를 과감하게 할 수 있고, 계열 기업 간 상호 보조를 통해 장기적으로 전망 있는 산업을 키울 수 있다. 그러나 채산성 없는 부실 기업을 지탱시키고 계열사 연쇄 부실을 가져온다는 점에서 위험도 크다. 재벌은 장기적인 성장 동력이나 국민 경제 틀 안에서 봐야 한다. 물론 재벌 총수 가족의 지배권이 보장돼야 한다는 뜻은 아니다. 모든 제도는 장단점이 있다. 장점을 살리고 단점을 없애 나가야 한다. 그런 점에서 문제는 타율이다. 재벌 체제 개혁은 재벌이 한국 경제에서 3할대를 치도록 할 것이냐, 4할대를 치도록 할 것이냐는 차원에서 고민해야 한다."

경영권 안정을 위한 방안은 없나

― 기업들의 설비 투자가 크게 축소된 이유는 뭐라고 보나.

"투자가 갑자기 예전의 3분의 2 수준으로 뚝 떨어졌는데 그것이 일시적인 현상은 아니다. 설비 투자 감소는 노무현 정부의 죄도 아니고 북핵의 죄도 아니다. 한국 경제의 시스템이 바뀌면서 투자가 떨어지고 있는 것이다. 현재 기업마다 주주 가치 극대화를 추구하면서 단기 수익만 좇다 보니 모험적이고 위험한 장기 투자는 꺼리고 있다. 특히 자본 시장 자유화로 적대적 인수 합병이 가능해지면서 기업마다 경영권 방어를 위해 자사주를 매입하고, 유사시 외국 자본의 경영권 위협에 대비한 실탄을 확보하기 위해 투자보다는 내부 유보 자금으로 틀어쥐고 있는 형편이다. 경영권이 불안하면 투자 지평이 협소

화·단기화될 수밖에 없다. 한국 경제가 적당히 3%대로 성장하고 말
것이라면 모를까, 국민소득 2만 달러의 야심이 있고, 진짜 선진국으
로 가려면 이런 문제에 대한 진지한 성찰이 필요한 때다."

－ 설비 투자 확대의 전제 조건으로 기업의 경영권 안정이 필요하
다면 그 방안은.

"연기금이 기업 주식을 사들여 경영권을 안정시키되 동시에 국민
경제 이익에 맞게 의결권을 행사할 수도 있고, 공기업을 끼워서 기업
들끼리 우호 지분을 사 주는 방식으로 경영권 안정을 도모할 수도 있
다. 일본처럼 가족 소유 없이 주거래 은행·계열 기업·대형 하청업
체 등 이해 당사자들이 상호 간에 우호 지분 보유를 통해 경영권을
안정시키고 재벌 체제 내부를 감시할 수도 있을 것이다."

『한겨레 21』 2004년 1월 1일 제490호

좌파도 우파도 아닌 한국파의 괴로움

자본의 국적성을 강조한 주장에 대하여 일부에서는
극좌 민족주의자라고 비난하였고, 또 다른 편에서는 극우
보수주의자라고 비판하였다. 이것이 많은 사람들
눈에 신기하게 비쳤던 모양이다.

몇 달 전 모 일간지 기자들과 함께 한 자리에서 한 고참 기자가 필자에게 물었다.

"장 교수님은 극좌 민족주의자입니까, 아니면 극우 보수주의자입니까?"

내가 2003년 4월 소버린의 SK 주식 매집 사태를 계기로 자본의 국적성을 강조하는 일련의 글을 발표한 이래 받았던 상반된 평을 두고 한 질문이었다.

자본의 국적성을 강조한 필자의 주장에 대하여 일부에서는 국경이 무의미해진 세계화 시대에 자본의 국적성을 이야기한다 하여 나를 1960~1970년대식 종속 이론을 따르는 극좌 민족주의자라고 비

난하였고, 또 다른 편에서는 자본의 국적성을 논하는 것은 사실상 재벌에게 면죄부를 주는 것이라 하여 극우 보수주의자라고 비판하였다.

이것이 이 기자를 비롯하여 많은 사람들의 눈에게 신기하게 비쳤던 모양이다. 어떻게 한 사람이 극좌도 되고, 극우도 될 수 있는지가 말이다.

이 질문에 대해 내가 한 대답의 요지는, 동일한 인물이 동시에 극좌로도 혹은 극우로도 비칠 수 있는 것은 좌와 우를 가르는 기준이 한 가지가 아니기 때문이라는 것이었다.

그것에 대해 이 자리를 빌려 좀 더 자세히 설명해 보자.

정치·사회·문화 등의 관점까지 고려하면 좌·우를 구분하는 기준이 더 많아질 수도 있겠지만, 경제적 입장에서 좌·우를 가르는 기준은 대체로 세 가지로 볼 수 있다.

첫 번째로는 자본가 편이냐, 노동자 편이냐를 따져 볼 수가 있다.

그 경우 자본주의 사회에서는 전통적으로 자본가 편을 드는 사람은 우파, 노동자 편을 드는 사람은 좌파로 분류하는데, 그 기준에서 보자면 필자는 자본가와 노동자가 타협해야 한다는 견해를 가지고 있다. 때문에 중도파에 속할 것이다.

두 번째로는 정부의 시장 개입에 대한 입장이다.

시장을 선호하면 우파이고, 정부 개입을 선호하면 좌파이다. 이 기준에 따르면 나는 좌파이다. 시장은 여러 면에서 불완전한 것인 만큼 그것을 보정하기 위해서도 정부가 적극적으로 개입해야 한다고 믿기 때문이다.

세 번째로는 경제 체제의 변화를 추구하는 데 있어 급진적이냐, 점진적이냐를 따져 볼 수가 있다.

그 경우 전통적으로 우파는 급격하게 제도를 변화시키는 것은 가능하지도 않고, 바람직하지도 않다고 주장한다. 반면 좌파는 그것이 필요하고, 또 가능하다고 주장한다. 그에 대해 나는 재벌 체제 등 우리나라의 과거 경제 제도가 문제가 없는 것은 아니지만 이를 완전히 파괴하는 것보다는 기존의 틀 속에서 개선을 추구하는 것이 옳다고 믿는다. 따라서 우파에 해당하는 것이다.

좌파와 우파 단선적 이해는 '딱지 붙이기'

이렇듯 나의 개인적 사례에서도 나타나지만, 지금 우리나라에서는 좌·우를 가르는 기준이 하나가 아니라는 것이 제대로 인식되지 못하고 있다. 그리고 그 결과 정치적 스펙트럼에서 누가 어디에 속하는가 하는 것이 매우 혼동되어 있는 상태이다.

예를 들어 현재 우리나라 '개혁' 론의 주류는 관치 금융으로 대표되는 정부 개입의 중지, 시장 원리의 더욱 광범위한 도입, 시장 원리를 저해하는 존재로서의 재벌의 무력화를 목표로 하고 있다. 그에 대해 보수적 우파를 자처하는 일부 논객들은 이것이 좌파적 노선이라 비난한다. 하지만 과연 그런가?

'자본가 편인가, 노동자 편인가' 하는 기준으로 보자면, 현재 흔

히 '좌파'로 불리는 우리나라의 '주류 개혁론자'들은 지극히 우파적
이다.

가령 재벌 통제의 문제에 있어서 이들 주류 개혁론자들은 노동자
를 비롯한 이해 당사자(stakeholder) 집단들의 관여에 의한 통제가 아
닌, 주주(shareholder)의 재산권 행사에 의한 통제를 주장한다. 또 이
들은 소액 주주 권한의 강화를 강조하는데, 이는 노동자의 이익과는
상충되는 것이다. 주로 단기적 주가에 관심이 있는 소액 주주 입장에
서는 경기가 안 좋을 때에는 노동자를 해고해서라도 이윤율을 유지
해 주는 편을 선호하는데, 이는 노동자 입장에서는 바람직하지 못한
일이기 때문이다. 또 주류 개혁론자들은 시장 원리의 확대를 외치면
서 노동 시장 규제 완화를 강조하는데, 복지 제도가 제대로 마련되지
않은 우리나라 상황에서 이것은 노동자에게 매우 불리한 주장이 아
닐 수 없다.

'시장인가, 정부인가' 하는 기준으로 보아도 현재의 주류 개혁론
자들은 우파적이다. 우리나라의 기존 경제 체제가 국가 주도 체제였
기 때문에 지금은 국가의 역할을 부정하는 것이 '진보적' 혹은 '좌파
적'인 것으로 비춰지는지 몰라도 전통적인 기준으로 본다면 현재의
주류 개혁론자들과 같이 개방과 시장의 역할을 강조하는 것은 우파
적인 논리이다.

우리나라의 많은 주류 개혁론자들은 시장 원리의 확대가 경쟁 심
화를 통해 기득권을 파괴하므로 '민주적'인 것이라고 생각하지만,
시장에서의 평등과 민주주의적 의미에서의 평등은 엄연히 다른 것이

다. 선진국의 경우 20세기 초까지만 해도 대부분의 시장주의자들이 민주주의의 확대는 ─ 실제로 그렇게 되었듯이 ─ 누진소득세 제도의 도입, 국유화 등 '반(反)시장적'인 제도의 도입으로 이어질 것이라며 현대 민주주의의 최소 요건인 1인 1표제 도입까지 반대한 사실은, 시장주의와 민주주의가 엄연히 다른 것임을 보여 주는 좋은 예라 할 것이다.

결론적으로 볼 때 지금 우리나라의 '주류 개혁론자'들이 좌파로 분류될 수 있는 유일한 근거는, 그들이 기존의 질서를 급진적으로 변화시키는 것이 가능하다고 믿는다는 점에 있다고 할 수 있다.

결국 현재 우리나라 주류 개혁론자들의 경우 여러 면에서 우파적 성향이 강하지만, 급진적이라는 면에서는 좌파적 성향도 가지고 있는 복잡한 입장을 취하고 있는 셈이다.

이렇듯 나의 입장을 비롯하여 다른 여러 입장들이 간단히 좌·우로 분류하기가 어렵다는 점을 제대로 이해하지 못하면 우리나라에서의 이념 논쟁은 '딱지 붙이기'로 끝나고, 그 결과는 소모적인 것이 될 수밖에 없을 것이다.

이념 논쟁, 장기적으로는 생산적

그럼에도 이념 논쟁은 해야 한다. 일부에서 생각하는 것과 같이 이념 논쟁 자체가 비생산적인 것은 아니기 때문이다.

사회가 고도로 분화된 상황에서 모든 사람이 똑같이 생각하는 것은 가능하지도 않으며, 바람직하지도 않다. 물론 사회 통합은 중요하다. 하지만 이념의 차이가 있는 상황에서 이것을 덮어둔 채 이루어진 화합은 지속 가능하지 않다.

생각에 차이가 있다면 이를 명백히 하고 그것을 기초로 서로 간에 타협을 모색해야 한다. 그것이 비록 단기적으로는 갈등을 증폭시킬 수도 있지만, 장기적으로는 더 생산적인 길이기 때문이다.

그러나 좌·우를 갈라 이야기할 때 그 분류의 기준이 명확하지 않다면, 생산적인 정치적 논쟁은 불가능하다. 정확히 어떠한 이유에서 자신이 상대방과 다른가(혹은 같은가) 하는 것이 불분명한 상황에서 제대로 된 논쟁이 이루어질 수가 없고, 그런 상황에서는 진정한 대립도, 진정한 타협도 불가능하기 때문이다.

『업코리아』 2004년 1월 14일